根本在旅行

自序

給正在為夢想掙扎 努力生活的大家

我是Ryoko（涼子），因十九歲那年的困惑，就這樣誤打誤撞到了日本留學，也因為憑著長得像當時日本最人氣女星廣末涼子，而得到「Ryoko」這個綽號。「Ryoko」是涼子，也是旅行（りょこう的羅馬拼音），就這樣一路從十九歲到三十九歲，憑著無可救藥的樂觀以及強運，靠著旅行當作生活進而走入了創業旅程。

人生如旅行，一路走來，我想會這麼樂觀及強運，其實真的都是靠美食一路幫助我走過來。自己不論再怎麼低潮、心情非常難過、或者是身體上的不舒服，但是肚子總是會餓，所以認真去面對每道端出來的料理，透過味覺及嗅覺，除了熱量的補充讓我有力氣外，也透過每一個料理人專注跟認真的態度，總是也能鼓舞自己的心理，讓我繼續大步向前走下去。這三年大家都被疫情所困住，意外與明天不知道哪個先來。三十九歲的生日那天，有幸在一家自己很喜歡的多國創作料理餐廳吃飯。能夠吃上一份會說出「活著真好」的食物，雖然看起來是很微小的一件事，但也是人生相當重要的事。話說三十九歲生日存在著不可以慶祝的都市傳說，而我不僅慶祝，還下了一個決定，決定為這二十年來不斷存檔在心中的那些被美食感動的心情，及台日友好那份難以忘懷的情誼，醞釀了出這本書的契機。

我的好夥伴，目前六歲的黃金獵犬，庫柏！慶幸自己遇見了他，無論在台灣還是日本，始終陪伴著我旅行。因為對他的愛，讓我更能面對自己不喜歡的繁雜手續，例如幫他辦理出入境，更讓我懂得學會做好每一件不喜歡的事，才會讓我更喜歡自己正在做的每一件事。每個生命都值得被尊重，一定要宣導一下以領養代替購買並不棄養！

我想說，當喜歡正在做的每一件事，而且相信它是正確的事，即使沒有得到肯定，一定會像「根本在旅行」一樣，繼續每個人自己的宇宙任務。想做什麼就放手去做，沒有什麼年紀只能做什麼事、一定要成為什麼樣子的無聊框架！我三十八歲才開始衝浪，三十九歲再度創業，在很多人眼中可能很晚出發，但開啟一段旅程，只要踏出第一步，就值得為自己鼓掌，更要大方地謝謝認真努力的自己！

感謝在身旁默默支持與幫助我的大家，沒有你們，我的旅行無法出發，也不會完成！

推薦序

紅豆餡的力量

我很喜歡日本的最中（もなか）。

記得多年前，頭幾次走訪東京時，路過位於銀座的和菓子老店「虎屋」，當時純粹因為富有設計感的包裝而初次嘗試最中，熱愛甜食的我吃完整個愛上。此後到日本各地旅行時，幾乎是一天一顆，也嚐遍各縣市不少老舖和菓子最中。

最中最早是日本平安時代皇宮內的御用點心。它的做法是將糯米粉溶於水中桿成薄皮，放入模具中烤製成型，最後將紅豆餡填入至烤好的外皮中。

一顆好吃的最中，最重要的靈魂，就是紅豆內餡了。

初次認識涼子，是在我們共同朋友Chez的新書發表活動，大概是二〇一七年的時候。當時我剛開始「旅行與咖啡」的企劃，因為手繪咖啡杯而互相認識。後來才知道涼子是「Wakaba. 若葉鯛魚燒」的主理人，習得了日本原汁原味的鯛魚燒口味帶回台灣。

鯛魚燒與最中相仿，靈魂也同樣是紅豆內餡。

當得知涼子的鯛魚燒，為了堅持紅豆口感花了很多心思，只為了將日本的口味忠實呈現出來。心裡直覺，我們喜歡的口味或許滿接近的。過些日子真的吃到了她的鯛魚燒，不僅擁有日本風味的紅豆內餡，對於她開發的其他口味也都相當喜歡，深深覺得能在台灣吃到這樣的味道真是太令人開心。

同樣身為創業者，閱讀完這本書後對涼子的行動力與執行力感到佩服，也期待這種精神可以感染更多想向前踏出一步的讀者們，包含我自己，一起嘗試完成更多好玩的事。

MiNG
WHOSMiNG 品牌藝術家

推薦序

忠於自己 勇敢行動

會認識涼子大概就是因為咖啡、沖繩與狗狗庫柏，這剛好都是我生命中不可或缺的，而她現在與愛狗住在沖繩海邊的生活也是最讓我羨慕的，只是我偶爾也會想說，為什麼這個人可以這麼爽的佔盡好處。

但這本書大概解釋了我的疑惑，畢竟我認識的是書後半部的涼子，但前半部才是塑造出她現在令我稱羨生活的原因。

涼子給我的印象就是一個直爽的人，但這本書讓我看到的涼子不只是直爽而已。在她爽朗的個性下，有著過人的行動力，遇到需要抉擇的時候，可以說是不顧一切就一頭埋進去或衝過去，這光寫出來很簡單，但這每一個決定其實都是需要很大的勇氣。

但我更喜歡她的一點是，她很忠於自己，始終知道自己想要的是什麼，然後就會往著自己想要的方向前進。這對一般人來說已經很困難，但要在不講求個人主義，每個人都無法做自己的日本更是困難，每次在書中看到她一路走來這樣的堅持，會覺得這才是她人生中真正的成功。

現在她在沖繩海邊有個房子，有個把日本知名咖啡豆帶入台灣的咖啡店，有個超可愛的庫柏狗狗，過著我一直以來的羨慕生活，但看完這本書後，終於明白涼子在她爽朗的個性下，有著堅持忠於自己的決定與超乎想像的行動力，這應該就是形塑出她現在這讓我稱羨生活的原因吧！

這或許也是我現在無法住在沖繩，只能在這邊羨慕她的原因，我真的完全對她心服口服了啊！

史丹利
沖繩旅遊達人

推薦序

看見台日友誼的純粹

涼子早該出書了！她或許不了解自己的正能量有多強大？但我總覺得若她的故事集結成冊，將可以讓更多人感受赴日旅行與創業的心動歷程，以及台日友情的美好。

對絕大多數朋友來說，涼子的名字是跟「美食」連結在一起的（笑），我認識她是因為「若葉鯛魚燒」。記得多年前到板橋大遠百，剛好經過這間富有木質感的溫馨小店，對甜食從來沒有興趣的我，不知道為什麼堅持要進去嚐嚐，結果等待我的居然是驚為天人的美味！之後我也不經意看到媒體報導她的故事，才知道這位長得有點像廣末涼子的漂亮老闆娘居然是個學霸……而且還是理科女！跟做出美味鯛魚燒這件事很衝突啊！

往後我們因為共同朋友而熟識，而她的經驗在旅日期間給了我很大的幫助。如果說我的裏東京旅日故事很暗黑，涼子的故事完全是另一個面向，但那並非因為她沒有艱辛的歷程，而是她的謙虛、幽默感與勇氣就如同暖陽一般，讓本該崎嶇的道路充滿笑容。

她的真誠，使我重新看見台日友誼的純粹。跟絕大多數的創業傳記很不同，閱讀這本書的內容，感覺像在看NHK晨間劇（朝ドラ）的開朗少女奮鬥故事一樣，那麼地有朝氣、激勵人心，我可以由圖文中身歷其境那些美食美景……而這本書的出版更令人感到開心的是：我可以不用一直傳訊息問她的日本美食地圖在哪裡了！她全部無私大公開啊！

好久好久沒有旅行了，無論生活或工作，我們都該像涼子一樣享受當下！創業並不容易，謝謝她用對美食、美酒與咖啡的熱情帶給大家美好的體驗。

歐陽靖

旅日作家

目錄

01

台日友好的機緣

我對旅行與咖啡的喜愛，

最初是源自於爺爺奶奶給我的愛。

兒時記趣，日本富商澡堂大開眼界

小時候爺爺奶奶跟我說：讀萬卷書不如行萬里路。他們覺得台灣很小，如果有機會，希望自己的後輩可以利用雙腳走出台灣，親眼、親自感受外面的世界。

爺爺奶奶都是受日本教育，爺爺經營家具生意，與日本客戶有商業往來，也結交了許多日本朋友；奶奶也會趁著跟爺爺到日本出差時，帶一些日本當地的用品，食品回來台灣，我聽爸爸說，民國四十九年時，家裡出現過咖啡，那些咖啡是奶奶從日本帶回來的。

在我的童年時代，「台日友好」就已經在我心裡扎根。還記得小學某一年的寒假，爺爺帶我到住在福岡的日本朋友家，一待就是兩個月，家人還特地幫我向台灣學校請假。爺爺認為，趁著我還不需要背負升學壓力，體驗在日本家庭裡 Long Stay 生活，長大之後可能很難有機會再經歷過一次。

我當時連日文都不會講，頂多會說簡單的謝謝、早安、午安、晚安等等。還記得這個家庭裡的大姊姊對我都很友善，我們還一起到澡堂泡澡，享受非常在地的日本家庭生活。回到台灣後，我還特別寫了一張卡片，謝謝他們讓我體驗了不同的生活，雖然我不懂日文，只能寫中文，還得靠爺爺翻譯給他們聽，但是對我來說，這一次的體驗非凡。

大學我考上了政大統計系，雖然我的數學還算不錯，但是我對於統計學系並不算太有興趣。那時候我思考自己如果有機會的話就念個轉學考，再不然大學畢業之後，我再去美國念研究所也可以。

好巧不巧，我從表妹那裡聽說九州大分有一間新成立的私立大學，留學生可以申請大學四年學費全免的獎學金，我心想，如果我幸運申請到的話，不但可以免費學日文，還可以在日本吃吃喝喝，好像不錯！沒想到還真的被我申請到了獎學金！

「留學」聽起來相當花錢，然而我很幸運，先是以全額獎學金就讀於立命館亞洲太平洋大學，畢業之後又在早稻田大學攻讀研究所，那時候我也拿到百分之六十五的學雜費補助。不僅如此，我還拿到了日本扶輪社的獎學金，每個月提供將近五萬元台幣直到我拿到碩士學位。

申請日本獎學金，九州芋燒酎神助攻

其實在我進入早稻田大學念研究所之前，日本扶輪社的獎學金制度完全以成績做為第一階段的審核標準，長久以來拿到獎學金的幾乎都是很會考試的中國學生。不過，到我這一屆時，扶輪社調整了獎學金核發制度，改以來自不同地方的國內外學生分配名額。而我剛好在學校裡的台灣學生中，成績排名比較前面的幾位，因此獲得了第二階段面試的機會。

面試的過程主要是讓扶輪社成員確定學生正要進行的研究計畫，最後整體評估再決定誰可以獲得獎學金。然而聽每一位學生闡述研究領域的專業，有時候那些早已是企業家的扶輪社成員並不一定提得起興趣。輪到我面試的時候，除了談一些我的研究計畫之外，大部分的時間，我以一位台灣女子來到日本讀書的身分，分享我來到日本的所見所

我的母校，立命館亞洲太平洋大學。

校園可以遠眺別府灣。

聞，到過的地方，還有嘗過的美食、咖啡，然而，讓面試官對我印象深刻的地方，卻是我和他們聊到了九州知名的芋燒酎。

在九州最常見的酒就是燒酎，九州的燒酎一定是用當地的原物料，而大部分是用九州盛產的番薯，所以有獨特香氣與甜味，是九州燒酎有魅力的地方。不過也有很多人認為以番薯製成的燒酎比起米或麥燒酎來得「臭」，不過這個臭味對我來說，卻是一個在九州生活的氣味，不但香還是個難忘的記憶。

以九州當地的番薯為原料製成的燒酎，稱為芋燒酎，其中霧島酒造生產的芋燒酎更是遠近馳名。我在面試扶輪社獎學金時，談起自己在日本的生活經驗中，提及了九州的芋燒酎讓我印象深刻，尤其是霧島燒酎中，有一款黑霧島芋燒酎，採用的是甜度可口並富含高澱粉的黃金千貫番薯，並使用黑麴釀製出風味與鮮味多元的口感，與眾不同！

面試官對於我居然能細膩地分析出黑霧島燒酎和其他霧島

立命館亞洲太平洋大學旁的景點「戀人聖地」。

燒酎的分別感到訝異！對於我在日本的生活體驗，成為我在面試時的「加分題」，或許讓他們理解我對於專注的事項可以觀察得很細膩，最後願意以獎學金資助我的學習。

常常有人問我說怎麼拿到獎學金？對於申請獎學金的程序，面試是最關鍵的一關，而我面試時覺得最重要的，不是闡述學習要多認真，研究有多偉大，畢竟有一天我們都會走到社會，如何利用所學在社會上生存與回饋社會，這是我在面試前準備的重點，也是我認為必須傳達給他們知道的。

嚐遍各式餐廳，為日後創業留伏筆

日本扶輪社除了提供獎學金給學生之外，還會定期安排餐敘，關心學生的學習進度，在給予獎學金之外，透過聚餐實際去理解我們異鄉學子的生活狀況，必要時給予我們協助。我在與扶輪社的定期餐敘中，見識不少日本的美食料理，某一次，我們在隱藏於巷弄之間的燒烤店，吃著店內的生蠔、蝦子，還有溫體雞肉，一人餐費約五千日圓，然而精緻又美味的口感，讓我豎起拇指，CP值超高。

參加日本扶輪社餐敘，來這家燒烤店覺得 CP 值超高。

記憶中第一次吃生馬肉就是在扶輪社社長們與我們的餐敘，那是非常特別的經驗。馬肉其實是熊本的傳統料理，起初看到生馬肉，其實有一點點不敢嘗試，顏色比牛肉稍微暗沉，以為吃起來會有點腥，可能因為經過醃漬處理，一小缽的生馬肉吃起來滑潤爽口，一點也不腥。能夠嘗試所有日本當地獨有的味道與美食，並進而從飲食到文化交流，開啟了我有想要去世界旅行，多看多吃多嘗試的想法。

研究所畢業時，因為與扶輪社社員們每次的聚會，去了不同形式的餐廳，從傳統料亭到個性小店，看見餐廳不同的經營方式，不同的服務方法，不同的飲食文化，從飲食的生產製造到管理，在我心中留下記憶，成為我走上餐飲之路的伏筆。

除了吃遍了各大高級飯店的美食，同時我又能在餐敘中觀察日本文化，這些扶輪社社長有的在日本經商、有的是企業家，和他們相處，讓我想起了小時候和日本人做生意的爺爺。他們的言談舉止，對我來說都是踏入日本職場前的先修班，這些都是我不必花費分文，也是在學校學不到的經驗，更讓我體驗日本人對於台灣人的友善。

在日本留學的生活體驗，比從書本裡學到的知識更珍貴。

疫情爆發，沖繩鄰居關懷暖心

根據日本沖繩官方統計，二〇一八年沖繩接待的觀光人次逼近千萬，連續六年創下新高，而來自台灣的遊客也有八十八萬多人次，位居外國遊客第一位。也因此，台灣的飯店業者也把觸角伸到沖繩。

二〇一九年，我受聘於台灣一家監視器公司，前往沖繩擔任翻譯，提供合作飯店業者技術與服務，公司打算在當地設立據點拓展業務。為此，我每個月都要去沖繩待上一個星期左右進行前置作業，二〇二〇年成立沖繩辦公室之後，就在當地駐點兩年。

可以享受隨時在海邊度假、又可以享受日本美食，又能工作賺錢，這麼美好的工作我當然要好好把握。於是我利用每一次出差到沖繩的機會，住在沖繩不一樣的區域，除了觀光客居多的那霸市之外，往北走到浦添市就會來到當地居民活動的地方，再往北到宜野灣市，這裡有美軍基地，觀光客不多，卻發現許多具有沖繩風情的個性小店以及融合美式風格的餐廳。

有一天，我在宜野灣附近隨興地散步，一處住宅區二樓的居酒屋吸引了我的目光，這是一家販售東北料理和串燒的居酒屋「±零 ~ reset ~」。其實在沖繩的東北料理餐館不多見，而這家店使用的雞肉來自於小有名氣的山原（やんばる）雞肉，店內採用やんばる的溫體雞肉來做料理。

我很喜歡這家居酒屋，和老闆知花先生聊天才知道，我是他的第一個外國客人。因為這家店在宜野灣當地居民的住宅區內，就連住在外縣市的沖繩人都不見得聽過，更別想有外國人會來訪。

因為太常來這裡消費，我成為知花先生的「熟客」，他原本在豐田汽車（TOYOTA）擔任銷售業務，二〇一一年日本發生東北大地震，知花先生看到災情慘重，便前往東北協助賑災，那段期間他當義工，之後在當地一家串燒店學做東北料理。

知花先生覺得當汽車銷售業務不是他一輩子的夢想，在協

「± 零 ～reset～」是在沖繩少見的東北料理居酒屋。

「土零～reset～」的串燒與烏龍麵深得我心。

助東北賑災告一段落，他回到了沖繩，利用所學的廚藝，引進青森、福島、秋田等地的東北食材，並且也結合沖繩在地食材，開了這一家居酒屋「±零～reset～」，不但為自己的人生Reset，也協助東北災後重生。

工作計畫因疫情停擺，塞翁失馬焉知非福

我笑說，這家店是被串燒耽誤的烏龍麵店，串燒十分具有東北特色，然而知花先生選購來自福島的烏龍麵，它是根據每天的氣溫與溼度不同調整粉水比例製成，經過知花先生的料理方式，沾上特製沾麵醬，簡直是我吃過最美味的烏龍沾麵！

以美食會友，知花先生成為我在沖繩出差時認識的第一位沖繩朋友。

二〇二〇年二月，我帶著庫柏搬到了沖繩，選擇住在那霸市北方的浦添市。庫柏是我在二〇一六年十一月領養的黃金獵犬，當時他只有七個月大。為了帶庫柏來到沖繩，我花了半年左右的時間，讓他可以安安份份地在籠子裡待上

知花先生在 311 時赴東北賑災，之後回到沖繩開料理店「reset」。

好幾個小時而不躁動，就算看不到我也不會慌張焦慮。

搭機前，我還擔心著庫柏會不會發生什麼狀況，沒想到他十分適應搭飛機，不必餵食藥物就可以安份地待到班機落地。第一次出國的他，跟著我來到沖繩的住所，居然比我還快熟悉環境，立刻上廁所沒便祕。原本身邊有養寵物的朋友討論著，家裡有了毛孩之後，出國旅遊的次數就降低許多，要帶著寵物出國更是不容易。沒想到，庫柏和我一樣，都喜歡到陌生的地方旅行。

這一趟移居沖繩，預計會待兩年協助公司穩定這裡的業務，因此，我老早在台灣就和朋友們計畫二月份一起到長野滑雪、泡野澤溫泉。這是我每年冬天必訪的景點，只是從沒想過有那麼一天，我居然會回不了台灣，台灣人竟然也來不了日本。長野的友誼小聚，是我們幾個朋友在疫情前最後一次的出國旅遊。

四月，日本政府首度發布全國緊急事態宣言，並宣布持留學簽證、永住簽證、配偶簽證、工作簽證的外國人，無法進出日本，看來短期間我肯定是無法回台灣了。其實無法

庫柏很乖巧地自己 Check in。

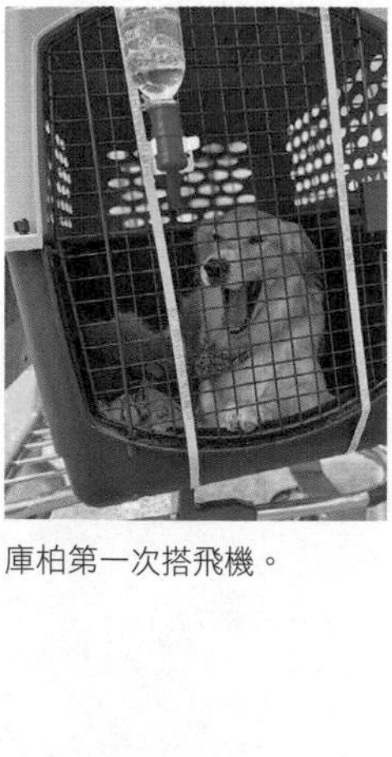

庫柏第一次搭飛機。

回台並沒有讓我太難過，唯一的擔心是在台灣的父母，萬一有什麼緊急狀況，我無法第一時間趕回去。然而換個想法，這不也是給自己最好的成長時間，可以好好陪伴庫柏的時間。我深信疫情總有一天會過去，也許在十年後，我們會笑著話當年的疫情如何如何，那時庫柏可能已經不在我身邊，但我會永遠記得，在我最辛苦的時候，是他的陪伴給我勇氣。

原本沖繩是一處熱鬧的觀光勝地，如今返璞歸真成它原來的鄉村小鎮模樣。而我來到沖繩的工作計畫，全都因為疫情而停擺，加上緊急事態宣言發布後，沖繩不但沒有觀光客，居民全都減少外出。我一個人，和一條狗居住在沖繩，連最近的便利商店走路也要十五分鐘，雖然沖繩相對於日本東京來說是疫情稍微緩和的地方，但我還是不敢鬆懈，認真防疫，一個星期出門採買一次。

在疫情階段雖然沒有工作可忙，生計暫時不太受影響。然而這段空閒的時間，我也不想閒著，這正是進修學習的最佳時機。我心想自己那麼愛吃、又愛喝咖啡，也愛小酌。前幾年去歐洲旅遊時發現，國外有許多餐廳，會以甜點搭酒。原來除了餐搭酒，甜點也可以搭酒，究竟該怎麼搭配，這是唎酒師的專業，於是愛吃又愛喝的我，乾脆趁著疫情進修日本唎酒師證照，也許將來在工作上也能派上用場。

返鄉遙遙無期，藉台灣咖啡澆愁

沖繩自疫情爆發以來，許多仰賴觀光維生的店家出現倒閉潮，國際通兩側約有四百多個店家，竟有八十多間店結束營業，四十多家暫時歇業。由於受到飲食文化的影響，日本的餐廳很少做外帶、外送服務。只是正值疫情嚴峻的時候，多數人都不外出吃飯，餐廳生意慘兮兮，也不得不調整、改變。沖繩居民更是團結自救，當然也包括我。

我偶爾會向「±零～reset～」居酒屋點餐外帶，老闆知花先生也很關心我一個人離鄉背井的近況。我告訴他，這段期間要準備考唎酒師執照，其中一項考試要品嘗很多種類的清酒，將它們分類後，再針對不同的菜色搭配。知花先生一聽，立刻提供店裡所有的清酒讓我練習，我真的受寵若驚。

防疫不太能出門的時期，我會點「reset」的餐點外帶，支持店家。

在沖繩，每天一個人吃飯一個人喝酒，很久沒有跟真人實際對話，久而久之，好像也習慣這樣的生活。日本的五月黃金周，不若以往熱鬧，隨著日本取消緊急事態之後，沖繩的店家也慢慢重啟營業。大家也開始自力救濟，透過消費互相幫助，維持生計。

我在台北有時會光顧一家空間迷你的咖啡廳「一席」，是台灣咖啡界大師小高哥（高振御）開的，座位區就只有一席。小高哥經常舉辦咖啡交流活動，也包含了台日咖啡交流，因此認識不少沖繩咖啡店家主理人。在「一席」結束營業時，小高哥為了讓經典品項「康保蘭」繼續在咖啡界保有「一席之地」，特別將它傳承給其他咖啡廳。而今，小高哥在台北大稻埕也開了「菸花」咖啡，繼續帶給消費者美好的咖啡文化體驗。

我來到沖繩時，特別拜訪曾參與小高哥咖啡交流而成為好友的MAHOU COFFEE（魔法咖啡），老闆央明先生很用心打造享用咖啡的空間，但是因為疫情的關係，只開放靠窗的一個座位內用，央明先生還很幽默地說，這下真的變成是「一席」了！

偶爾來到 MAHOU COFFEE 會讓我想起在台灣的生活。

雖然疫情下店家生意都不太好，但他和我聊起的第一句話，竟是關心我回不了台灣這件事，讓我超級感動！我告訴自己這是很好的安排，重點是至少現在，我還可以在沖繩喝到這麼好喝的咖啡，已經心滿意足了。

在MAHOU COFFEE可以滿足我身在沖繩，但保有台灣在我心中的一席之地，如果要用一杯咖啡寄予我對於台灣的思鄉之情，我也會前往隱身於榮町市場的一家咖啡廳，店裡有販售來自阿里山的咖啡，喝一杯解鄉愁。小高哥也介紹我幾家沖繩咖啡店家，我也會去拜訪促進消費。

疫情之下，我只能透過像臉書這樣的社群軟體向各方親朋好友報告近況，讓大家不必為我擔心，也在心中暗自上演小劇場，要把眼淚留到一落地桃園機場時哭到機場保安阻止我。想到這裡，雙手不由自主地開始安排在抵達台灣後，要怎麼吃到想吃的所有食物。

雖然世界因為疫情的變化來得太快，很多習以為常的生活都不再那麼理所當然，但是，對我來說，至少我覺得自己是幸運的，我可以在這段期間充實自己，而且真正地深入

沖繩榮町市場內的咖啡店。

沖繩也喝得到來自阿里山的咖啡。

沖繩這一個城市，喝著道地的咖啡、在地的甜點美食，彼此互助，一起度過艱難的時期。

直到某一天，我滑著手機，看到一則最新消息，日本女演員竹內結子在家輕生身亡，這件事帶給我的震撼大於日本的疫情。

根據世界衛生組織的數據，日本是全球自殺率極高的國家之一，雖然日本厚生省曾經發表年度自殺率連年下降的趨勢，但是一場疫情，再次凸顯日本複雜的文化與社會結構帶來的壓力；光是十月一整月在日本因自殺死亡的人數，居然比當時累計死於疫情的人數還要多，尤其是日本女性，自殺率更高於男性。

生命無常，讓我繼續微笑的理由

日本的性別文化，一直把女性放在家庭主要照顧者的角色，雖然職場接受女性工作者加入。然而，如果已婚生子還留在職場，很可能會被認為老公的收入不足以養活一家人。而在疫情衝擊經濟之下，日本男性背負著家中主要經濟來源的責任，企業在面對不得不裁員的狀況下，首先以減少派遣工因應，如果需要解僱工作者，女性首當其衝。而在疫情衝擊下，使得夫妻在家共處的時間變長，擔起家庭生計的先生承受工作壓力，面對無法為家庭帶來收入的太太，衍生出更多的親密關係暴力事件。在日本民族性普遍壓抑的心理情緒下，日本女性在疫情期間面對的心理疾病遠比疫情的恐懼來得更大。

我，一個女生，帶著一隻狗來到沖繩，疫情期間工作停擺，還飛不回台灣。對於日本人來說，他們真的很擔心我這一位離鄉背井的獨居女子是不是會想不開？我的鄰居具志堅太太就是其中一位擔心我的人，因為我在沖繩沒有開車，出門採買就是一個問題，具志堅太太把她心中對我的關心和先生討論，特別為我準備了一些食物，甚至還送給我一些從她老家栽種的水果分送給我，讓我身在異鄉感受到滿滿的溫暖。

而竹內結子的死訊帶給我的衝擊，讓我想起在求學時期她演的《午餐女王》，還有和木村拓哉共演的《冰上悍將》，甚至是票房大賣的電影《現在，很想見你》。我還記得她被封為「笑顏女王」容顏，這一個帶給我們溫暖的笑容，她必須承擔多少的努力，最後卻在疫情下選擇放棄不笑了！生命在這一刻變得渺小又脆弱，我們的意志究竟要多強大，才可以繼續在這冷酷的病毒面前，繼續保持微笑？而那些原本我們習以為常存在在我們身邊的人，是不是隨時都有可能消失？

這一刻我開始恐懼現有存在於我生命裡重要的每個人，會不會在消失之前，我卻無法陪伴到最後？我很慶幸自己不是一個人來到沖繩，我還有庫柏，我還有許多我思念的朋友，都是我繼續微笑的理由。

疫情之下的人類，就像在韓劇《魷魚遊戲》中玩著一二三木頭人，稍有不慎，很可能成為無辜的亡魂。我看著庫柏在我身旁，繼續用他無邪的眼神和招牌笑容看著我。我明白養他一輩子，不過是花我幾十年的時間，但是對庫柏來說，我卻是他一輩子的依靠。我想庫柏真的是在疫情之下的好命狗，和我在沖繩與好山好水相依為命。我想回饋他對我的依靠，就是帶著他跟著我吃遍日本各地，看盡世界的風景。只要疫情穩定下來，我要帶著庫柏環遊日本。

疫情帶給我最大的幫助之一，是養成運動的習慣，除了每周兩次和庫柏跑六、七公里之外，我也會去海邊衝浪。食量本來就不小的我，卻也因此吃得更多了。因為思念台灣的美食，我在沖繩可以吃下二十六顆水餃加一份麻婆豆腐，嚇壞了餐廳的阿姨。不過，因為我的食量驚人，經常點餐點到被阻止而讓店家老闆印象深刻，再加上庫柏很容易討店家歡心，也讓我和沖繩許多開業店家很快就成為朋友。

四月緊急事態期間，我多半都在家做飯，五月取消緊急事態宣言後，我便常以行動去支持店家消費。少了國內外觀光人潮，日本地方農家也面臨了生產過剩的問題。我在日本的幾位好朋友，很認真買了「用吃喝為疫情加油」活動的農產品，並大方分享給我，像來自神奈川縣店家的咖啡豆、和歌山梅子糖漿、大分特產柑橘咖哩、北海道牛蒡湯等等地方特產，而我也常常忍不住買了許多這活動的農產品及零食。

我在沖繩靠著庫柏的「面子」，獲得很多店家友善以待，我也想盡自己的力量回饋給這一群幫助我的朋友。於是我親手熬煮紅豆餡，製作和菓子，將它分享給經常幫助我和庫柏，讓我們常去打擾的店家朋友們，其中包括了在沖繩很有名的咖啡品牌 Okinawa Cerrado Coffee「大嘴鳥」。沒想到我的手作紅豆餡成功擄獲了日本人的味蕾。

大嘴鳥對常來沖繩旅遊的民眾來說是頗具知名度的沖繩咖啡品牌，原先想只為台灣的親友開放團購，一解他們對於不能來到日本旅遊的「怨氣」，沒想到我在臉書分享，居然大受好評！於是我開始結合自己的「若葉鯛魚燒」，把沖繩咖啡豆帶到台灣行銷。

隨著疫情起起伏伏，我一直沒有放棄買機票回台灣。然而每每收到的通知都是班機取消。這輩子都沒想過，沖繩和台灣居然這麼遙遠，這該死的疫情，讓我回家一趟居然這麼難。這一刻明明酒喝得好好的，卻突然想吃驥園、四海一家、方家小館、長白小館、徐淮人家、山間堂酸辣湯、樺林乾麵、福大炸醬麵、周記肉粥……。

我的心不在焉竟然把要洗的衣服放到烘衣機、差點把日本酒倒在庫柏的水盆裡、第一次忘記帶鑰匙出門遛狗，最後請鄰居柴犬的媽媽幫我開了樓下大門才順利回到家。

看著日劇《半澤植樹 2》完結篇，被上戶彩貼心的話感動到；又重看一次蘆田愛菜上的綜藝節目，還是讓我笑到不行，親手做了期許自己不要成為別人憂鬱因素的清酒水羊羹以及葛饅頭，喝掉最後的夏休み，順便跟沖繩的夏天說拜拜，結束有點恍惚的一天。

親手製作清酒水羊羹和葛饅頭送別夏天。

獲日本烘豆冠軍青睞，台日互助抗疫

我在沖繩認識一位很厲害的咖啡烘豆師仲村先生，他在二〇一七年拿下日本烘豆冠軍，二〇一八年更奪下世界烘豆亞軍的榮耀，在日本精品咖啡業界享譽盛名，就連在台灣的烘豆業界也無人不曉。他在沖繩有一家主要是銷售自家咖啡豆的品牌豆ポレポレ（豆波波），除了賣豆子，也提供咖啡外帶。

我常常光顧這家店，也會和仲村先生聊到咖啡話題，因為我很喜歡喝咖啡，也喝過很多種類的咖啡，偶爾我會在仲村先生的店裡玩猜豆遊戲，他拿出自己調製的配方豆讓我猜，而我總能說出咖啡裡的風味，讓仲村先生對於我這一位身上沒有一張咖啡證照的女子刮目相看。

「現在大家都出不了國，應該有很多台灣人想念日本的櫻花、溫泉和雪景吧？」我突然靈光乍現。

日本經歷了三一一東北大地震，台灣人的善款讓日本民眾

仲村先生在台日咖啡烘豆業界相當知名。

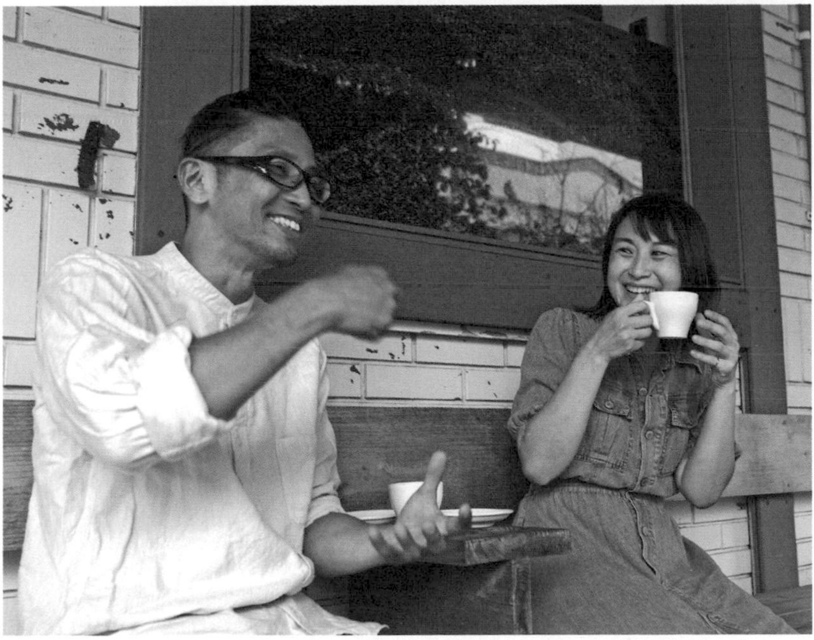

仲村先生經常與我分享咖啡知識。

更加珍惜這一份台日友好。我心想，因為疫情而無法出國的台灣人，應該很想念日本旅遊的美好時光吧？我喝上一口咖啡，嘗了一片甜點，覺得這一口咖啡喝到了我對日本的感謝與台灣的思念。於是，我向仲村先生提議，一起來合作聯名咖啡，在台灣限量銷售，我也把銷售所得捐回我住的沖繩地區，做為添購防疫物資所用。

這個計畫比我直接捐一筆錢給沖繩地區的防疫單位還來得實用，聯名合作不但讓咖啡業者在疫情時期有機會開發台灣的市場，帶來實質的收入，而台灣買下這一份對日本旅遊的思念咖啡，還能幫助沖繩防疫，我覺得很有意義。

我向仲村先生聊到這個計畫，他覺得我的想法很有意思，而且也很有興趣參加。

我只是一個沒沒無聞的女子，仲村先生是世界烘豆亞軍的專業職人，為什麼他願意把他精心烘焙的稀有咖啡豆獨家交付給我，放手給我策畫聯名活動賣他的豆子？我覺得我最大的優勢，是讓他看見我的熱忱，會用百分之百的心力，就像他用百分之百的熱忱烘出這款特別的豆子，和喜歡喝咖啡的人分享。

我從小對於紅豆製的甜食特別偏愛，尤其來到日本讀書、工作，每每遇到跨不過的檻、心情陷入低潮的時候，我會特別想吃日本和菓子，如果是紅豆口味的更好，彷彿心情就被這一口紅豆療癒了。

我想起了在日本工作的時候，有一次我接手的案子，聯繫的客戶非常難溝通，導致我手上的工作卡關無法進行，但是公司又一直追我的進度，我當時的壓力真的很大，不知道該如何是好。

那一天我在東京上野御徒町經過一家銅鑼燒專賣店「兔屋うさぎや」，這家店已經經營超過百年的歷史，名列東京前三大銅鑼燒專賣店。我等不及買了銅鑼燒，它鬆軟的外皮以及綿密的紅豆餡，甜度適中，吃進一口就讓我驚為天人！它在我口中的滋味直到現在我還記得。

那一刻我心想，這家百年老店不知道花了多少時間研發好吃的外皮、熬煮多久的紅豆餡，經營了多久之後才被世人

兔屋銅鑼燒是東京數一數二的銅鑼燒專賣店。

認可這一份銅鑼燒的美味，而且可以流傳百年屹立不搖！

聯名活動獲媒體報導，具體實踐「台日友好」夢想

想想自己不過和客戶溝通過幾次的會議，和兔屋的銅鑼燒面對世人的評價相比，我簡直沒有沮喪洩氣的資格，我肯定要比現在更努力，讓客戶看見、理解我的用心才對。

當仲村先生把他稀有的配方豆交付給我的時候，我想起了過往吃著銅鑼燒就獲得力量的曾經。我想把療癒自己的心境，透過這一款配方豆，在疫情期間和大家分享，於是我親自為仲村先生的豆子設計獨家限定包裝，並且命名這一款配方豆為「紅豆」。讓台灣人一解對沖繩旅遊的念想，也能夠間接幫助到沖繩的商家。一點點的心意，串聯台日友好的情誼。

向仲村先生購買咖啡豆的的客戶多半都是在日本國內經營咖啡店的業者，在當時，每個業者向仲村先生進貨量大約是一個月十公斤左右，我當時和仲村先生合作，一口氣就訂下三十公斤的獨家配方豆「紅豆」，親自為這款豆子設

計包裝，並且打點好豆子如何運回台灣，找到保存的庫房。

由於連續被航空公司取消班機，沖繩不再直飛台北，我唯一回台的辦法是先飛到東京，再從東京飛回台北，行程多出了九個小時。由於那時飛回台灣必須要先隔離十四天，也不可能待兩、三天又回到沖繩，於是我一定是帶庫柏一起回台，我得顧慮到他是不是有辦法和我飛到東京再折返回台北，真的是舟車勞頓。

就在我苦惱之際，航空公司傳給我福岡可以飛台灣的消息，我想至少可以不必飛到東京再回台北，於是我立刻安排了回台灣的時間，算好了十月八日回台灣隔離十四天再加七天自主管理後，剛好可以慶祝生日大口喝酒！

於是我要先向台灣申請庫柏的輸入許可，再向日本申請輸出許可證，而庫柏要有已施打狂犬病證明以及血清檢查，搭機前也要體檢。而我要在搭機前三天內要安排PCR檢測。一切安排就緒，我帶著庫柏從沖繩飛到福岡機場，沒想到卻遇到庫柏的文件格式不符的狀況，我又不能撇下他一個人回台，我只能改搭一星期後的班機回台，當天我緊急買

我與沖繩豆波波合作的第一款聯名豆。

了機票從福岡又飛回沖繩，庫柏對於這一趟福岡機場一日體驗感覺有點莫名其妙。

我為這一次的活動特別回來台灣，構思企畫案與我自己擁有的鯛魚燒品牌「若葉」聯名，再邀請台灣一群開店的好友共同推出這一次的聯名活動。我一共辦了四場，每一場活動大約四小時，沒想到我就把三十公斤的咖啡全數售完！獲得出乎我意料的成果。

像我這般「吃貨」，可以一邊享受美食，一邊分享給喜歡的人，又可以幫助到店家，是我很大的福氣！這一次透過台日友好的精神，讓台灣人透過購買的方式應援沖繩，這項活動也登上了沖繩的媒體報導，雖然聯名活動所得捐出的款項並不算多，但是它是真實幫助了台日雙方，是具體實踐了「台日友好」的夢想。

而在二〇二一年五月，台灣疫情嚴峻，升級三級警戒之時，仲村先生更主動提及想為台灣的醫護人員與民眾加油打氣，雖然當時沖繩的疫情也在緊急狀態，他仍然願意贊助咖啡給在第一線的醫療人員，他還謙虛地說，自己沒什麼財力，

我將義賣咖啡豆所得捐給沖繩防疫，與浦添市長松本哲治合照。

也沒有什麼才能，只能以最擅長的烘豆來為台灣加油。

雖然他當年輸給了俄羅斯參賽者，只拿到世界烘豆亞軍，然而他的努力與謙虛，懷抱感謝與珍惜的人格特質，在我心中早已是宇宙冠軍烘豆師，當然他的烘豆技術是無庸置疑的。

原本在咖啡業界就很有名氣的仲村先生，也讓台灣消費者逐漸知道沖繩有一位很厲害的烘豆師，「豆ポレポレ」也在台灣的名氣提升了，這次的成功經驗更堅定了我和仲村先生的友好關係，奠下長久合作的基礎。他不吝惜與我分享咖啡知識，而我也在他身上學習到更多專業，讓我在接下來與其他咖啡店談合作時更具說服力。

代理日本精品咖啡，簽下亞洲五十大名店

我在台灣的朋友邦彥看見我在疫情階段做的義舉，勾起了他每年到日本旅遊的回憶，甚至看見代理日本特有品牌的咖啡豆，在疫情嚴峻的時候可以互相幫助。他支持我繼續朝著夢想前進。也因為他的鼓勵與行動支持，讓我回到沖繩之後，積極規劃蒐羅日本各地的特色咖啡，引進台灣。「根本在旅行」就在全球疫情下誕生了。

回到了沖繩，我接續在大阪、京都和東京蒐羅別具特色的咖啡品牌，順便帶著庫柏走走。由於一名女子帶著一隻黃金獵犬出門，多少都會吸引店家的注意，而我對於日本甜點的喜愛，食量也不算小，因此每每參訪特別的咖啡店家，點餐點到店員暗示我「會不會點太多？」都讓對方留下深刻的第一印象。

我從不隱藏對喜愛的美食追根究底的好學精神，而我學習來的專業知識也成為我踏出和店家洽談合作的第一步，在互相交流的基礎下，我可以更深刻了解每一家咖啡品牌的

故事與精神，而業者也能在交流的過程中理解我對咖啡了解的深度。但是，只有這樣是不夠的。

即便業者知道了我對咖啡知識的專業，但是他們更在乎的是這樣的味道是不是在跨海來到台灣之後，依然不走味？他們在乎我的物流與保存方式，在台灣販售給消費者時是不是仍在最佳賞味期限？雖然咖啡豆可以保存很久，然而過了最佳賞味期限，喝起來的口感就會打折扣。

除了物流與倉儲，對於台灣咖啡師的沖泡技巧，能不能忠實還原咖啡的味道，也是業者非常關心的一環。從物流到人員的訓練，我在洽談過程中一一釋疑了之後，他們心中雖然接受了，卻還是存疑：我是玩真的嗎？

這時候我十分感謝沖繩豆ポレポレ的仲村先生，以及我陸續簽下合作的大嘴鳥 Cerrado、Flap 這些沖繩品牌給我的加持，讓我在洽談其他地區的合作案時，獲得業者更大的信任。

我也陸續在大阪簽下了 Mel Coffee Roasters、LiLo

Coffee Roasters代理合作，也把京都的WEEKENDERS COFFEE、ABOUT US COFFEE引進台灣，連東京的GLITCH COFFEE & ROASTERS、THE ROASTERY BY NOZY COFFEE等品牌的咖啡豆，我也順利簽約合作，其中不乏名列亞洲前五十大最棒的咖啡，也讓我在洽談合作的過程愈來愈順利，不但讓這些用心經營咖啡事業的職人被更多人看見，也讓喜歡日本咖啡的台灣人，不必出國就可以喝到正宗帶有日本血統咖啡。

台日友好的情感是互惠的，台灣也有許多非常厲害的咖啡職人，我相信日本民眾也想在當地品味具有台灣職人味道的好咖啡，我希望將來有那麼一天，也可以在日本推出台灣版的「根本在旅行」，讓日本民眾在家就可以享受屬於台灣人獨有的熱情咖啡！

我很慶幸一個人在沖繩的日子有庫柏相伴。

02

愛上旅行和美食
源自家庭教育

我以分享自己在飲食上的旅行，

來答謝料理人親手為我們獻上的心意。

於我而言，旅行就是遠離都市

身為在台北市出生的我，從小在繁華的都市裡成長，父母給我的教育卻是鼓勵我多多體驗社會的多元，別被台灣的教育體制限制了視野。從小就被爸媽帶著上山下海，無論登山還是海邊游泳，他們教會我什麼都要親自體會，這也埋下我喜歡旅行的最大原因。

有些人對自己的人生在很早的時候就掌握了方向，並且按部就班往理想前進，但，也有一些人是水到渠成，自然而然就走到了現在的位置。從求學時期開始，我只知道把我自己的本分做好，當學生時，好好念書；雖然我也會蹺課，但是我有對我的課業成績負責。我寧願相信自己的人生何其幸運，讓我的每一次的努力都有收穫，都能被看見。

喜歡旅行、熱愛美食的人很多，但是他們不一定會想把這件事當成「工作」。旅行就是要放鬆，吃美食就應該是一種享受，這些都能達到「自我滿足」。但是對我來說，透過旅行增加我人生的厚度，而我更樂於「分享」我所熱愛

在東京吃到爆滿的握壽司四天王，怎麼能不分享。

的美食，獨樂樂不如眾樂樂，成就了我一邊旅行、一邊分享美味當做我的人生志業。

用心眼多看看世界，生活體驗無限珍貴

我會走到這一步，催生出「根本在旅行」這個品牌，代理日本精品咖啡，我覺得根本就是天時、地利，與人和。我一直記得爺爺奶奶在我小時候曾經對我說，台灣很小，如果有機會，一定要到世界各地看看。「無論到哪裡，就是要靠自己的雙眼看一次，自己的雙腳走一次，親自確認人事物的溫度。」這是奶奶給我最寶貴的一句話。

爺爺還在世的時候是從事家具貿易，因為工作業務的關係，經常到日本出差，也因此在日本結交了不少朋友、企業家。爸爸曾經創業過，但他說自己的個性並不適合創業，於是考了公職當上公務員。不過，爸媽在我求學時期給我的教育，承襲了爺爺的理念，讓我除了做好基本該念的書，更著重我對生活的體驗。

其實我念書時也會蹺課，跑到同學家玩電動，但是也會到

K書中心花一點時間練習功課。雖然我讀的不算是名校，也稱不上是學霸，然而段考也是可以拿到全校第一名。爸媽對我偶爾蹺課其實睜一隻眼閉一隻眼，甚至爸爸有一次非常想看一部院線片，顧不得我即將期中考，拉著蹺課的我去看電影，被媽媽發現之後，爸爸還被臭罵了一頓。

我雖然會蹺課，但也很清楚學生的本分就是念書，所以我做好我應該念書的部分，剩下的時間去做我喜歡的事情。也許因為我小時候在台北市公館長大，之後舉家搬到了板橋，爺爺又住在大安區，我的生活圈都在台灣首善之都，對都市以外的世界充滿著好奇，那些陌生又未知的世界，對我來說都是新鮮感大於恐懼。

從喜歡「吃」……，到喜歡「做」

我讀小學時還滿常請假，因為爸爸會帶著我出去玩，順便到處吃吃喝喝；爺爺其實滿會下廚的，而且每次從日本出差回來都會帶伴手禮回來，我還記得有一次爺爺從日本帶羊羹回來，我吃了一口就愛上那個味道，深深刻在我的記憶之中。

直到我到日本讀大學，有一次和朋友去東京旅遊，久聞擁有四百年歷史的和菓子名店とらや（虎屋），熱愛甜點的我必然造訪這家受到日本天皇喜愛而獲得御用商號「御用達」的皇室認證美味，其中招牌羊羹，我吃上一口，刻在心底的美味突然有了感應。我之後和爸爸分享吃到好好吃的虎屋羊羹，他跟我說：「那就是你小時候爺爺帶回來的伴手禮，妳小時候就吃過呀！」我才恍然大悟。因為這一份美好記憶，引起我心中的好奇：虎屋羊羹究竟有什麼秘方，讓它吃起來可以這麼美味？於是我開始研究製作羊羹的食材，只有紅豆、寒天，還有糖這三種基本材料，原來越是簡單的食材，要做出令人回味的滋味真是難上加難，

虎屋最知名的紅豆餡，配上吐司和奶油，是日式喫茶店的經典餐點。

而它最根本的關鍵在於「糖」的處理。

提起我在日本求學的日子，其實留學生多半為了省吃儉用，都會自己下廚來吃，尤其在日本外食不像在台灣可以挑到那麼平價美食，連不曾下廚過的同學，都會開始學習在學校宿舍下廚。

替料理「引味」，發掘製作巧思

我就讀的立命館亞洲太平洋大學位在九州大分縣別府市，算是日本的「鄉下」，而校區又位在山區，生活機能並不算方便。由於學校招收的學生有一半是日本人，另一半是來自日本以外的留學生。我住在學校宿舍，一共有五層樓，一人一室。一樓全部住男生，五樓全部住女生，而二到四樓男女混住，和台灣的大學採男宿舍一棟、女宿舍一棟很不一樣。

由於住校再加上採買不方便，我和宿舍同學多半一周下山到別府市區的超市採買一次。並且定期會在宿舍聚會，辦一人一菜派對，同學之前都會拿出各自的「家鄉菜」，我當時想了又想，什麼食物足以代表台灣美食，在日本採購又不難的食物呢？於是我露了一手「蛋餅」，餅皮的粉水自己調，雖然稱不上是什麼美味料理，倒是在那一次的「聯合國」一人一菜派對中，也具有台灣代表性。

千萬別跟日本女生比廚藝！依照日本社會的價值觀，女性婚後多半都得打理家務，包括做飯。「要抓住男人的心，先抓住男人的胃。」日本媽媽從女兒小時候就開始培養她們打理家務的能力，當然也包括下廚，不只做到好吃，還要做到好看！

有一次，和我住同一層宿舍的日本女同學烤了一個起司蛋糕和大家分享，我吃了一口覺得好特別，以前從來沒吃過這樣酸甜平衡的起司蛋糕。一般來說，起司蛋糕要不是像重乳酪的作法，再不然就是像海綿蛋糕的作法。這位女同學做的起司蛋糕，有點像巴斯克，帶一點焦香，她稱這種起司蛋糕是bake，烘焙起司蛋糕。因為口感十分特別，她跟我說，她加了一點橙皮，我才恍然大悟，還特地跟她學習怎麼做。

其實我並不覺得自己在廚藝上多有天分，但是我很喜歡吃，因為喜歡吃而引起我的好奇，究竟好吃的東西是怎麼做的？在日本當留學生時期，也是我在廚藝上增廣見聞的時期，當我實際親手去做了之後，我慢慢了解，為什麼同樣的材料做出同產品的東西，味道還是會不一樣。做料理的人，要懂得幫自己的料理「引味」，對我來說，也是「隱味」，找出隱藏在這一份美味中，料理者用心製作的巧思。

我愛吃納豆，經常做納豆料理，搭配金針花番茄湯，十分健康營養。

瞎妹遊歐洲，創業找靈感

我是生性樂觀、沒有想太多的人，爸媽給我的教育是，天下沒有什麼解決不了的事，而我也一直抱持著這樣的信念，所以我不曾覺得自己會遇上什麼壞人、壞事，因為所有的困難都是可以解決的，一直到我在三十歲一個人飛到歐洲，安排了一趟義比法之旅，這輩子最慘的遭遇就是行李被偷，最瞎的事是一個人搭上了陌生男人的車……。

我因為奶奶生病的緣故，加上在日本玻璃大廠旭硝子（AGC）工作面臨的瓶頸，我辭去了工作回到台灣。回台的半年時間，奶奶給我的很大的信心，認為我有能力可以創業，我特別喜歡美食，也覺得自己可以朝這個方向前進。由於我從學生時代在日本待了十年，日本美食我有了基本的認識，愛甜食的我覺得應該去一趟歐洲，尋找開店的靈感。於是安排自己三個月的時間走一趟義比法，順道去比利時拜訪因為跟著老公外派而移居的大學好友。

二〇一一年九月，我先飛到法國巴黎，一路往東走，到漢斯（Reims）香檳區，當時真的沒有一天不是泡在酒莊裡，買一張票進場可以一直喝，一次跑遍四、五個酒莊，那幾天我拍的照片沒有一張是清楚的。

我去了幾個當地人推薦酒莊，像是 CAVES POMMERY、CHAMPAGNE G.H MARTEL 等等，當然也造訪了以香檳王聞名世界的 Moët & Chandon 酒莊，對於酒莊的建築帶給我極大的震撼，這些走過了好幾個世紀的建築，在當初為了釀酒，由裡到外打造而成酒窖，一磚一瓦展現的是「製造」或是「創造」的職人精神。我感受到無論是為了一杯好茶還是好咖啡還是好酒，對每一處細節的講究而釀出滋味，這一份職人精神在世界任何一個角落都是不變的。

天不怕地不怕，就怕美食沒嚐到

來到了南法，我也前往一家當地人大力推薦的生蠔店，就在我不顧形象大口吃生蠔時，鄰桌坐了一名約五十幾歲滿頭白髮、身材纖細、風度翩翩的義大利男子，真的很像從電影裡走出現實世界的紳士。他看著我是一個人，又是從亞洲來的女子在這裡吃飯，掩不住內心的好奇和我搭訕。

Moët & Chandon 酒莊的地窖。

我說，因為在日本認識了一些朋友，他很喜歡來歐洲玩，而且很愛吃生蠔配葡萄酒，所以我一個人來體驗看看。

我們開始聊天，而他對於我大膽到可以一個人來歐洲旅遊感到不可思議！並且詢問我未來幾天的行程。我說我會去義大利的杜林走走，那裡正好是他的家鄉，他邀約我到杜林時可以見面，他要帶我去他朋友的酒莊體驗一下，而我毫不猶豫地答應了！那時候我們互相留下電話號碼之後，就以簡訊聯絡。而我到杜林時，他果然依約帶我去朋友的酒莊。

酒莊在很偏遠的地方，我們大約開了兩個小時的車才到，不過為了喝到覺得普通觀光客一定喝不到的酒，完全沒有想到當時是否會被騙。到了酒莊，酒莊女主人非常熱情迎接我，讓我試飲了所有的紅白酒，還拿出自製義式生火腿醃火腿還有起司等，他們說著在義大利喝葡萄酒時，一定要搭著火腿或起司，這樣才是品酒的最高享受。也讓我不禁想起，「飲食」，就是「飲品」與「食物」的結合，相輔相成，搭配在一起才是完整。無論是歐洲還是日本，很早以前就有這樣的觀念，讓我也非常想把這個飲食的享受

Moët & Chandon 接待大廳融合古典與現代的氛圍。

帶到台灣。我把這段覺得既美好又難得的經歷告訴了我朋友，他們紛紛大叫：「妳怎麼可以一個人赴約！也太危險了吧！」現在想想當時真的為了喝酒沒有深思熟慮，確實在異地單獨赴約，被帶去哪兒，發生什麼事都不知道，十分冒險。

篤信「人性本善」，關關驚險，關關安全

緊接著，我來到了米蘭，原本要前往我下榻的飯店，但是我看著地圖，卻一直走不到那裡，那時候我真的很無助，在路上經過一個店家，我向一名年約四十幾歲的義大利男子問路，只是我們彼此都只能用英文溝通，對方的英文溝通似乎不太好，最後他說乾脆載我去我下榻的飯店，我沒想太多，只想趕快到飯店休息，於是上了他的車。

這位義大利男子開車載我上了高速公路，我看著地圖覺得怪怪的，似乎和我下榻的飯店方向不同，我開始覺得不對勁，該不會真的遇上壞人了吧？會不會被他送去人口販賣市場？我開始在車上大叫，請他放我下車，我還在車上亂踢。那名義大利男子設法阻止我鬼吼鬼叫，口中一直念念有詞說什麼：「Papa, Papa」之類的，我愈想愈害怕，完全不知道該怎麼辦！就在一陣慌亂之際，我也搞不清楚義大利男子把我載到東南西北什麼地方，最後他停車了，而我，平復了情緒，冷靜往車窗外看，我終於抵達了我的飯店。

POMMERY 地窖裡展示許多釀造中的香檳。

一個人的義比法歐洲行，去了巴黎、威尼斯、比薩、布魯塞爾等地。

我開始回想剛剛那一段度秒如年的瘋婆子行為，我的人生在這麼浪漫的國度居然做出這麼丟臉的事，根本就想找個地洞躲起來！我向這一位承受我失控行為的熱心男子連番說了無數次的抱歉！他大概也感受到我這位來自台灣的亞洲女子不是好惹的，他是一名結了婚而且才剛當爸爸的好男人，他接受了我的道歉，接受我給他一記熱情而溫暖的擁抱。

旅途驚險多，內心小劇場一再上演

每當我和姊妹淘分享這一段奇遇，她們第一時間就是痛罵我在義大利怎麼可以隨便上一個陌生男子的車，而且我還是一個人旅遊，這真的是非常不可思議的錯誤示範！但是她們也覺得我十分幸運，能夠一個人在異鄉遇到好心人的協助。我是樂觀也好，少根筋也罷！但我始終相信「人性本善」。也許正是這一個善念，成就我人生中許多善的循環，遇到了貴人，獲得協助。即便我心存善念，也不見得不會遇到壞事。

到了米蘭，我開始了我在義大利的行程。先前法國之旅待了將近一個月，我帶了一些伴手禮以及朋友託我代購的東西，塞進了我超大的行李箱。我從威尼斯搭火車前往佛羅倫斯，因為行李太大，只能放在公共區域。我知道在義大利候車時，隨時都要盯著行李，直到列車啟動後才能夠放心，當天我把行李放好，也許真的是有點累了，我離開行李置放區在一旁休息直到發車。

火車行進時，一開始沉浸在沿路風景快速經過眼簾的世界，後來因為似乎到了另一個時空，可能太放鬆，可能太期待下個城市的冒險，我竟然睡著了。列車途中在波隆那停靠，而我也沒有特別留意我的行李，一直到了佛羅倫斯，我準備下車，才發現行李不見了！因為我在日本生活久了，行李放在公共區域不上鎖也不會發生被偷的事。這一趟一個人的歐洲之旅，行前其實我朋友都有提醒我一定要小心行李被偷走，只能說我真的太大意了。

但是驚覺一個二十八吋大的行李箱不翼而飛，我當下仍然難以接受，不斷跟車長「盧」，甚至很離譜要求檢查所有的車廂，否則不讓火車離開。我真覺得自己是個瘋子，親自檢查了那一班列車總共五個車廂，還是沒有找到我的行李，這下子我終於稍微冷靜一些，接受了行李真的被偷走的事實，而車長從頭到尾看著激動的我，表情顯得十分淡定，見怪不怪。

行李箱中除了有我自己的衣物之外，還有筆電、相機，以及伴手禮和朋友託買的東西。我之後立刻到警局報案，雖然知道找到的機率幾乎是零，但是看著員警冷淡地處理，想必這對他們來說也是常見的事，心裡還是十分沮喪！然而更讓我沮喪的事，是隔天我生日，我特別先預訂了在佛羅倫斯的一家米其林餐廳 Enoteca Pinchiorri，這家餐廳是義大利第一位以女廚師得到米其林三星頭銜，也是佛羅倫斯境內唯一的米其林三星餐廳。所擁有的餐廳酒窖，在義大利說是第二沒有人敢說第一，在義大利享有無人不知的盛名。當天要穿的衣服、高跟鞋全都在行李中，而我身上穿著牛仔褲和便衣、球鞋，想必這一餐也去不了了，當下的情緒湧上心頭，我站在街上大哭，打電話給我爸報平安。

爸爸在電話那頭問我，護照還在嗎？錢包在嗎？現金還夠嗎？他確認我護照還在身上，錢還夠用之後，安慰我人平安就好。我隨後除了去買替換的內衣之外，第一時間買了手機充電線。在出國前，我朋友十分擔心我一個人在歐洲旅遊，特別要求我每天都要在臉書發文報平安。如今，我現在只剩下手機可以拍照報平安。

待在佛羅倫斯的飯店，我想著自己的行李被偷的經過，那時列車長有說，也許行李在列車停靠波隆那被偷也不一定，我還是不死心，隔天便前往波隆那車站看看，順便在當地警局報案，留一絲希望。

福禍相倚，意外品嚐米其林三星美食

波隆那的義大利餃很有名，我覺得既然來了，就要來吃一下當地的美食，果然，我吃到這輩子至今最好吃的義大利餃之一，一掃我行李失蹤驚魂的難過心情。雖然我覺得行李應該是找不回來了，然而日子還是要過下去，我也不再糾結在情緒之中，冷靜過後，我也決定提早結束旅程回台灣。於是我開始聯絡航空公司變更我的班機，最後三天從義大利回到巴黎搭機返台。也許真是老天爺對我的眷顧吧！我原本預定飛回台灣前，一直預約不到巴黎一家米其林餐廳 Le Grand Vefour，就連行程中不斷打電話預約，得到的答案都是客滿沒位置。神奇的是，我因為行李被偷提早行程回台，在我回台的前一天，這家餐廳居然被我訂到位了！

Le Grand Vefour 是巴黎最歷史悠久的米其林餐廳，位於巴黎皇家宮殿內，從十八世紀以來就是名門貴族的社交場所，二〇〇〇到二〇〇八年連續獲得米其林三星殊榮。許多朋友告訴我，如果要去 Le Grand Vefour 體驗正宗法式料理，至少要提早一到三個月才可能訂得到位置，我從行程前就不斷搶這一席位置都搶不到，能在回台灣前夕被我訂到位置，根本就像中頭彩一樣讓人開心！當我走進有兩百多年的歷史建築裡，佇足在拿破崙、雨果⋯等等歷史名人曾經待過的空間裡用餐，心中莫名地感到激動，甚至起雞皮疙瘩！

為了享用 Le Grand Vefour，我必須準備基本的服裝禮儀前去用餐，於是我在 H&M 買了一套簡約的洋裝和淑女鞋。米其林餐廳會為每一組客人派任一位專業經理專門提供桌邊服務，到了餐廳，我向經理點了一份套餐，他看著我——

和洋人相較下身型小一號的亞洲女子一個人來吃一份套餐，覺得不可思議並極力遊說我，我只有一個人，一份套餐會吃很久，也擔心我吃不完，建議我可以單點就好。我心想，我大老遠來到米其林餐廳就是要吃一份完完整整的套餐啊！才能夠一嘗這家米其林餐廳主廚的料理創意與精髓。

一般傳統的法國宮廷套餐一共有十三道菜，原則上在最高等級的米其林三星餐廳可以體驗這一套傳統套餐。一般法國人覺得能稱得上「一餐」，最基本要包含主菜、甜點和飲料。而一般正式餐館會有餐前酒、前菜、湯、主菜、甜點、起司和咖啡，而酒和麵包是基本會提供的飲食，有些麵包還可以隨時取用。

經理一直很想說服我只要單餐一份主餐，再搭配其他幾道菜色，而且提醒我吃完一套十三道菜的套餐，可能要花三個小時，不但擔心我吃不完，也怕我一個人在這裡吃得太無聊。不過我仍堅持要點一整套的套餐。

品嚐美食長智慧，創業之路開始了……

Le Grand Vefour的用餐環境很大，幾乎座無虛席，我被安排的座位區域，只鄰近兩桌的客人，其中一桌看起來是兩名亞裔女子前來朝聖，另一桌是一位看起來像是富豪級的紳士，帶著一位猶如從伸展台上走出來的法國名模，自帶光芒，雍容華貴，充滿著女神的氣息與浪漫。

對比之下，我一個人來用餐顯得有些突兀，這位女神十分好奇為什麼我會一個人來到這家餐廳。我和她聊了一下自己很喜歡一邊旅遊，一邊享受各地不同的人文美食，未來也打算創業。這位女神非常和藹地推薦我，要吃美食除了來到法國之外，一定要去紐約吃吃喝喝。

不知道為什麼，這位法國女神只是和我寒暄個幾句，卻帶給我無比的力量，似乎讓我更堅定，一定要走上吃吃喝喝的創業之路。首先，餐前酒選擇的剛好是這次旅程沒去的波爾多，據說我喝到這支紅酒全球只有四千兩百瓶。接下來端上的前菜組合有醃漬綠番茄、西瓜與鵝肝，以及紅蘿萄薑汁，光是西瓜與鵝肝的組合就讓我眼睛為之一亮，沒想過這兩種味道居然可以組合搭配。

後來上來了一道明蝦配上葡萄柚，幾乎每道料理都有水果搭配。而讓我驚豔不已的是義式餃子，內餡包著鴨肝，再加上些許松露與醬汁搭配，第一次吃到這樣的組合味道，我心中充滿感動！這一份餐包含兩個餃子，我根本可以吃上二十個都沒問題啊！

下一道料理將烤蝦配上醬烤橘子，我覺得把橘子拿來醬烤、炙燒，口感也是一絕；接著上桌的是比目魚、地瓜配辣黃瓜，醬汁使用的是貝味醬。吃到這一道料理，我發現每一樣食材其實在台灣都可以買得到，但是米其林主廚可以將這些不難取得的食材，變化出少見的料理風味，我一邊細細品嚐，一邊心生佩服。

法國料理的餐桌上少不了麵包，我不太喜歡麵包配奶油，然而法式料理的麵包可以沾著料理醬汁，對我來說真的是美味組合。台灣料理有鳳梨苦瓜雞，這裡的法國料理也有添加鳳梨的雞湯，又是以水果入菜，風味完全不一樣。吃到現在，終於端上了一道肉料理，是煎羊排搭配豆子和茼苣。雖然每一道菜的分量看起來好像不多，但是十三道菜加起來，食量真的也不能太小。

在等待餐與餐之間，經理除了解說菜色之外，偶爾也會陪我聊天，而我也為了拍每一道菜拍到手機沒電！畢竟晚上用餐，室內光源不夠，老是拍不好一直重拍。在一旁的經理非常細心，發現我的手機沒電了，幫我把手機拿到後台充電，這項「貼心服務」真的收服了我的心。

起司是法國餐中不可或缺的重要角色，可以單吃，也可以配酒。經理端上了二、三十多種不同風味的起司，有硬起司、軟起司、羊奶起司、藍紋起司……等等類別，米其林的桌邊服務員必須熟悉所有起司的種類與產製的方式和過程，才能詳細介紹給用餐者，這一份專業對我來說也是一種學習。

在經理解說之後，我挑選了 Gouda、Roquefort 以及 Brillat-savarin 三種不同的起司，Roquefort 十分具有藍紋起司該有的風味，除了配酒，我也搭配法國麵包，十分對味。

看到了起司，代表著接下來登場的就是我超期待的甜點。我從晚上八點開始用餐，看到甜點的時候已經是晚上十點多了。幸好手機充了電，我沒有錯過記錄接下來的甜點。首先端上的甜點組合，包括了布蕾、馬卡龍、巧克力塔、起司塔、水果軟糖，以及紅莓奶酪。法式水果軟糖是觀光客常見的伴手禮，然而在米其林餐廳看到這一款非常普及的水果軟糖，吃完之後完全不想再買高級店販售的軟糖。餐廳果然用真材實料打造，入口即化，這份感受只能在此時此刻享受！

下一道甜點以椰子糖片、芒果焦糖慕司做為組合，上面加上鳳梨冰沙，口感吃起來非常有層次感。而最後一道驚喜的甜點，必須敲破松露巧克力的外層，巧克力內包含了哈密瓜冰沙與覆盆莓，搭配以法國香料 Tarragon（龍蒿）調製而成的奶泡。精緻、美味，也添加了趣味與儀式感！我很佩服自己可以一個人體驗完整一套 Le Grand Vefour 的米其林套餐，果然吃得很飽，而且用餐時間真的很久。拿到帳單時已經接近午夜。這一整套餐，加上我點的紅白酒與香檳，一共花了約一萬八千多台幣。一生體驗這麼一次，我覺得很值得。

透過這次的旅行，吃遍歐洲米其林餐廳及在地餐廳，其實無論是得獎與否，我感受每位料理人面對食物認真的態度，與想與大眾分享的心情。所有的堅持來自於所有的細節，從最基本的清潔到服務，有著自家的故事與風格，而對消費者而言，得到的不只是飲食上的美味，還有店家獨自的「人生旅行」。想起自己二十年來身處的日本，最著名的「職人精神」，除了對食物的熱情，所有的堅持與執著，我想就是為了分享自己在飲食上的旅行。感謝每位料理人親手為我們獻上的那份料理，那是我們自己走不到的地方，而他們無保留的分享給我們。

「我們必須永遠記住我們所在地的文化，因為這是我們的身分。但我們必須努力改善，改變與時俱進。」這是米其林三星餐廳 **Enoteca Pinchiorri** 的主廚安妮費爾德（**Annie Féolde**）說的令我深刻的一句話。雖然我因旅行驚魂記沒有親自嘗到她的手藝，但因為「親腳」踏上了佛羅倫斯的土地，置身於這個與台灣截然不同的城市，更讓我懂得要跟著世界的腳步一起改變與進步。

巴黎最具歷史的米其林餐廳 Le Grand Vefour，餐點讓我驚喜。

03

起初，我也沒那麼愛日文

我覺得學日語最難的地方，
是讀懂文字背後的意義。

從不「說清楚，講明白」的日本人

雖然小時候因為爺爺經商的關係，他常常與日本客戶有往來，我也因此在日本企業家的大宅裡 Long stay 兩個月。成長的歷程裡，吸收的流行資訊也少不了日本文化，但是我還真的沒想過要學日文。

無論是面對爺爺的日本朋友，或是和家人一起去日本旅遊，我都習慣用英文對話。然而申請到日本立命館亞洲太平洋大學就讀時，連一句日文都不會說，我只背完了五十音就入學了。由於學校的課程分為英語教學和日語教學，我是以英文成績入學，上的課都是以英文教學。不過，我可以在學校選修日文課程，來到日本可以免費學日文，我覺得不學可惜啊！

學了日文之後，我從語言裡慢慢覺得這個國家人民連說話都要這麼做作客套，讓我十分受不了！文法裡有許多的規定，還有什麼敬語之類的，我覺得真正尊敬一個人，會真心把對方放在心上，說話時自然有分寸。一個人就算滿口敬語，但是心裡一點都不敬重對方，那麼，這樣的說話方式有什麼意義？

由於亞洲太平洋大學是一間很特別的大學，學校裡的學生，有一半日本人及招收了許多國際學生就讀，校風比起日本國內的大學來說相對開放許多，加上宿舍生活和同學們相處時間長，感情很好，彼此會互相幫忙、相約聚餐、一起出遊。

由於剛到日本時一句日文也不會說，第一次衝擊到我的就是日常生活。即便大部分的事情我可以不必開口就可以完成，但是像是開辦郵局帳戶等等，我的確需要幫助。幸好學校同學願意協助我，帶我做這些生活中的大小事，也讓我意識到，在日本生活，還是學一點日文比較好。

只是考上了早稻田大學的研究所之後，校園都是日本人居多，我才開始真正進入了日本人的生活。同學之間沒有像大學時候的熱情，日本人習以為常的客套與曖昧不明的言語，搞得我有點困擾，甚至產生誤解。

我向來都是個說話直來直往的人，很無法適應日本人說話都講得不清不楚。也許在台灣，大家使用相同的語言，就算有些人會說些客套話，大多數的狀況我還可以掌握。然而在日本，有時候和同學之間對話時，老是聽到那些模稜兩可或是帶有部分否定的肯定句，常常讓我摸不著頭緒他們的心思。

有一次我想請求朋友的幫忙，我問他處理起來難不難，他回說：「ちょっと難しい。」如果用中文來理解字面上的意思，是「有一點點困難」，而用英文去理解它，難度也是「A little bit」，然而我之後才了解，原來對方的意思是有點無法處理的難度，甚至是一種委婉的拒絕之意。日本語言中就常出現這種曖昧不明的態度，如果真的無法幫忙，就說無法也無妨。學日語讓我覺得最難的地方在於讀懂文字語言背後的意義。

設身處地多面向思考，有助溝通協調

日本的社會風氣不太講求個人主義、特立獨行。他們不習慣當著對方的面前直接拒絕別人，他們認為直接的否定句

亞洲太平洋大學裡的學校餐廳可遠望無敵山景。

會造成彼此的負面觀感與衝突。

生活的時間愈久，我也漸漸可以理解日本人不喜歡麻煩別人，也不想造成別人的麻煩；見面三分情，否定句或是斷然拒絕是失禮的用法。他們連婉拒的心思都得包裝，需要細膩的心思才讀得到。也許，正因為日本人從小的教育在語言中就得琢磨得一絲不苟，使得他們成長過後在處理每一件事情上，都可以面面俱到，設想周全。

不過，日文也有讓我覺得比中文美的地方，因為中文字很方正，有一些狀聲詞看起來或聽起來就少了一點美感，像是心跳「噗通噗通」，日文是わくわく，字面上有心跳的感覺，而念起來也有怦然心動的氛圍。

針對食物的口感，有時候我覺得日語用得很傳神，像是吃玉米片的脆，以及剛炸出爐的可樂餅吃起來酥脆，在日文會以パリパリ和サクサク來形容，從字面上就可以理解是哪一種「脆」的口感。

類似的生活用語，有時候課堂上不見得學得到，我多半都是從自己的生活體驗中學習日文，那時候我隨身帶著一台卡西歐翻譯機，當年的最強翻譯機就屬卡西歐的品質最好，如果我在生活中聽到別人說出我不懂的日文，我會拿出翻譯機馬上查。我從來不害怕開口提問，請對方複述一遍句子，好讓我用翻譯機查找中文的意思。

像我說話這麼直白，腦筋又是粗線條，大剌剌的個性有時候也會犯了得罪人卻不自知的錯。在長達六年日本留學、學習日文之後，也讓我受到日本民族性的影響。其實學習一個國家的語言，並不是只有字面上的語言學習，認真面對日文這個語言後，學習到的不只有所看的文法，還有語言背後看不到的「文化」。了解語言中所含的無形的文化及民族性後，透過語言學習設身處地站在另一方的角度思考，其實對於溝通協調以及洽談商業合作會更有幫助。

在東京吃到最好吃的法國吐司，酥脆的口感最足以用パリパリ來形容。

因為愛吃，找到學日文的動力

去日本短期旅遊，看不懂日文其實不會為生活帶來太多不方便。但是要在日本生活，像我這樣一個留學生，如果真的連日文基本的聽說能力都無法溝通，其實並不算太方便。慢慢走訪日本的在地美食之後，我吃到好吃的東西，更想要記住這道料理叫什麼名字，裡面有什麼食材，但是我一個字也看不懂，反而引起我對食物產生更大的好奇心，因為這一個想對美食追根究底的慾望，我覺得我應該要好好學習日文。

到各地旅行、吃美食，其實是學語文最好的方法。像是我為了去歐洲旅遊，想吃好吃的法式甜點、配好喝的香檳，為了看懂菜單，我也特別學了點菜時用得上的法文；到義大利、或是去美西旅遊吃墨西哥料理，我都會為了方便自己可以點菜，而特別去學義大利文、墨西哥文。

然而為了「吃」，我的確可以花很多心思去了解。也許這和從小爸爸經常帶我們全家去旅行有關。他說曾經帶我們一家人環島旅行，我還搭車搭到暈車，其實我一點印象也沒有。爸爸說他每到一個地方，就會詢問當地人有什麼美食好吃的，或許我從小就是耳濡目染，以至於我長大去旅行，也習慣問當地人都吃什麼美食，往往也能蒐集到隱藏版的在地美味！

我愛吃本性可能遺傳自爺爺，我還記得以前他最常叨念大家出門老愛搭計程車，他覺得搭計程車很浪費錢，不過爺爺倒是有幾次為了到好吃的東西，長途跋涉，為了不耽誤原有的行程，他願意自掏腰包搭計程車，為了吃個美食，這個車錢花得一點也不覺得浪費。

匠職精神催化美食，美味祕方的來源……

也許從小開始，我們就習慣「飲食」就是有飲料搭配食物，所以我很少喝手搖茶。雖然早期在台中崛起的茶店文化，泡沫紅茶會搭配滷米血、麻辣豆干這些小食，又或是更早之前，喝著傳統的烏龍茶，可能會配一些瓜子或是麻荖等茶點。而現在喝手搖茶，可能配的是茶裡的珍珠，飲食文化的不同，也會產生我們對美食的誤會。

日本廚師對料理的用心，背後隱藏的是人生哲理。

許多人對於法式甜點的感覺就是很甜，對於日本甜食也覺得甜過頭，其實，這些甜食都是用來配茶或是咖啡。像是日本和菓子的設計最適合搭配抹茶，不但不會覺得和菓子太甜，和抹茶風味搭在一起時會讓雙方的口感加分；像法式甜點如果搭上一份義式濃縮或是一杯咖啡，有時甚至可以幫甜點提味，讓彼此的香氣變得更濃郁。

提到日本甜點，和菓子絕對是他們生活的日常，甚至是送禮的選項。日本人也愛喝茶，和菓子配茶是日本甜點店或是喫茶店最基本的搭配。隨著咖啡文化的興起，和菓子如何和咖啡搭配，也成為日本的咖啡特色。

歐洲很早就有咖啡配甜點的組合，發展得更成熟多元。有一次我在法國吃一頓法式料理全餐，菜單上的甜點不只一道，有些甜點配茶，還有些甜點可以搭配酒。甜點配酒在歐洲和日本都蔚為風尚，對於喜歡吃的我，更想透過每一道料理的搭配，探索每一個店家對於食物的心思與創意。

和食文化和西餐文化非常不同，像是歐美很少吃生魚片，料理的手法也真的只有懂日文才能了解透徹，而且有一些日本獨有的魚種，在我享用大餐時，也想知道是那是什麼魚種。

光是要了解甜點搭餐、餐搭酒、甜點搭茶、咖啡和酒，這裡頭有許多學問，既然我熱愛日本美食，乾脆把日文學好，除了看懂日文的菜單之外，也希望當自己走進日本料理餐廳時，連廚師在料理時的對話，都可以一字不漏聽得清清楚楚，除了可以知道師傅如何把這道料理做出來，也可以從對話中了解師傅對料理的用心與想法。

雖然我對日本曖昧不明的文字語句很感冒，但是從料理者自身發揮職人精神，將每一道匠心獨具的飲食，都化做人生哲學的呈現，就像他們打從出生學習語言開始就得學習字字珠璣，那一份細膩的觀察，也許正是美味的祕方，也是感動我的學問。

「愛吃」，激勵了我學習日文的起點，我在語言交流中更深入日本常民文化，又從日本文化裡重新體驗了每一道美味的精神，再度讓我對「吃」愛不釋手。當我漸漸熟悉了日文之後，它更是我在工作上發揮才能的工具，我才有機會踏上沖繩，過著我期待的生活。

日本酒館スナック——難忘的打工經驗

二〇二〇年我搬到沖繩時，透過朋友的介紹，在沖繩認識了第一個朋友長濱良起先生。他是一名採訪記者，帶我認識沖繩這塊土地好吃好玩的地方。有一次他帶我來到一家位在浦添市的日式小酒館（スナック）「Analog」，老闆時任先生頂著爆炸頭造型讓人印象深刻，他和長濱先生都是音樂愛好者，從 Analog 店裡的牆面布置充滿昭和時期的黑膠唱片就感受得到，樂高積木拼湊出 Analog 的日文店名「アナログ」，靠牆一排的沙發椅與矮長桌，還有狹長型的吧台，讓我回憶起研究所時期，我在スナック打工的難忘回憶。

日式小酒館打工經驗，豐富人生閱歷

我讀研究所的時候，有一次正好從台灣返回日本，出關之後我坐上計程車回住處，計程車司機突然問我：「妳有沒有興趣到日式小酒館打工？」我被問得一頭霧水，司機才告訴我，他常去的一家日式小酒館（スナック）有兩名小姐臨時辭職，店裡的ママ（媽媽）一時半刻也找不到小姐來店裡幫忙，亂成一團。司機一邊說著，還不斷熱情邀約我，甚至打算馬上載我過去直接面試。

面對司機的盛情，我雖然覺得很荒謬，卻也覺得很好笑。由於那一家スナック距離我的住處也不遠，我想一想，去體驗一下應該沒差，就在剛下飛機沒多久行李也還沒拿回家，就去跟ママ面試。ママ看著我，和我聊一下，覺得我的日文能力可以和客人流利對答，於是詢問我有沒有意願，希望我可以短期來打工幫忙，直到她找到正職的小姐。

スナック是日本在地的酒店文化，讓人想到在Netflix造成許多話題的台劇《華燈初上》，時代背景就是鎖定一九八〇年代在台北市林森北路上日式酒店文化。這裡的「條通」

來到沖繩小酒館 Analog，讓我想起求學時短期工讀的日子。

在日治時期被規劃為高級住宅區，國民政府來台後成為熱鬧的商業區；在一九八〇年代，日本經濟復甦後，許多日商在台設立分公司，日本商務客來台都會來到這一帶，畢竟類似日本的生活圈，而條通裡的日式酒店成為他們流連的場所，感覺就像回到「家」一樣。

不過現在林森北路上的日式酒店和スナック已不大相同。在日本，スナック多半是鄰近住宅區，是上班族在回家前的中繼站，店裡的服務生都是小姐，會陪客人喝酒聊天。每位客人與ママ（媽媽）及店內小姐都像是熟識多年的好友，大家到スナック好像是平常好友們的聚會，可能說著平凡的生活瑣事，可能聊著無聊的煩惱。

由於日本是個性壓抑的民族，男性背負著社會的價值觀，有些人想在職場或家庭裡暫時抽離一下，スナック算是讓他們可以喝點小酒，抱怨一下生活與職場，或是聊一些有趣開心的事，暫時忘卻那狗屁倒灶的人生。

不只是賣酒，透過生活體驗交流互動

スナック的靈魂人物是ママ（媽媽），整家店會有屬於她的風格，像是如果ママ很會做咖哩，這間スナック就會有很會做咖哩料理的風格；如果ママ在開業之前對花藝很有研究，她經營的スナック就會有許多花花草草的裝飾。如果ママ今天在市場剛好採購到新鮮的食材，那麼，今天的客人就很有口福，可以吃到ママ手作的下酒菜。一間スナック的所有特色來自於媽媽的「故事」，如果我開了一間スナック的話，可能是咖啡與茶最好喝，偶爾出現鯛魚燒或紅豆甜點的店吧！

回憶起打工的這家スナック空間不大，一定會有個狹長型的吧台桌，吧台以外的座位區只有兩桌，整家店大概可以容納二十個座位區。別以為聽到主理スナック的ママ，長得像《華燈初上》劇中的林心如或是楊謹華這般貴氣，但也不致於像劇中「季ママ」謝瓊煖這般老氣。店裡ママ的真實人生，不過是小孩長大擁有自己生活的平凡媽媽，以前開餐飲店餬口，現在開スナック撫慰辛苦工作的上班族。

如果根據計程車司機的說法，店裡有兩位小姐離職，我進來打工後，遇到兩位小姐服務，小姐也是已婚媽媽，不過約略有點像《華燈初上》中「花子」劉品言的Feel，給客人的印象是天真和善女子。

由於我當時只是研究所的學生，臨時來到スナック工讀，ママ也不敢給我太吃重的工作，起初也只是分擔外場服務與清潔打掃的工作。然而，工作漸漸駕輕就熟，我在服務客人的時候也會開始多聊個兩三句，融入在這裡工作的氛圍，面對客人我也可以和他們話家常，甚至追酒。

スナック的客人會習慣一次買一瓶酒，然後分次來喝，客人會說：「ボトルキープ」，有點類似開瓶喝不完，會請酒吧「寄酒」，店家會將客人寄的酒寫上姓名與寄存日期，下次客人可以繼續喝。有時候小姐幫忙倒酒時，客人會請小姐喝上一杯，一般來說，小姐會很客氣地意思一下喝一點，淺嘗即止，然而，身為個性大刺刺且誠實的我，一點都不跟客人客氣，只要請我喝酒，我一定喝，可能就是這一份直爽與無所畏的態度，讓店裡的ママ刮目相看，也很喜歡我！

客人開瓶若喝不完，可以寄酒下次再來喝。

來到スナック的客人幾乎都是住附近的男子，下班後來這裡吃個點心喝點酒再回家。我曾遇過地方媽媽來到這裡喝一杯，感覺像是趁著老公出差時來這裡偷閒放鬆一下。讓我留下印象的客人是一名卡車司機，結束工作後來到店裡小酌，以前會覺得卡車司機開車就可以賺錢，薪水也不算太差，然而聊天之後，才了解這是非常耗費精神與體力的工作，有時候還得配合開夜車，作息時間不穩定，其實並不如想像中的輕鬆。

最普遍遇到的客人還是以上班族為主，多半聊著工作上的處境，每天一而再，再而三做著一樣的事，重複的工作，他們感到無趣，卻也無力改變。從這些上班族的生活小抱怨中，可以間接了解日本職場的分工很細。

從旁觀察，日本上班族內心多苦悶

常聽台灣上班族的抱怨，多半是老闆請一個人當三個人用，有時候創業老闆也會自嘲校長兼撞鐘，好像每個人在職場必須要有十八般武藝，公司才會覺得你是好用的員工。但是從這些客人口中，日本上班族似乎必須在自己熟悉的領域，把專業發揮到極大值，這樣的專精，必須做到很細膩，但另一方面，也可能很少有機會多元學習。

即便客人看來生活苦悶，或是滿腹苦水，偶爾點唱一首卡拉OK，在聲嘶力竭後也不見失態的形象，更沒見過客人發酒瘋。我心想：「喝酒不是就要放鬆嗎？」想不到日本上班族，連放鬆的時候都還那麼ㄍㄧㄥ。

店裡從ママ到小姐，在和客人聊天喝酒的過程中，會像朋友一般關心近況，甚至有的熟客一進門，ママ見狀知道他來得比較早，還會消遣一下客人說：「今天比較早下班吼！看來老闆今天沒有刁難你。」這些日常對話，往往會讓客人感覺到溫暖。我也很佩服店裡的ママ，可以用心交陪每一位客人。

我在打工的這段時間，從來沒看過ママ記錯客人，她記得每位客人的喜好，從她身上我學到當自己真的用心與人交流時，真誠與認真是會被人看到的。我也告訴自己，如果以後自己開店，不可以只有商業販售行為，還要有真誠的服務精神與用心去和客人交流。

遇上不按牌理出牌的我，日本歐吉桑也莞爾

偶爾看日本偶像劇中，日本上班族下班之後，有些人在居酒屋聊天放鬆，有些人則在小酒店和媽媽桑聊生活日常，我想，這應該就是日本特有的文化吧！

由於スナック是以賣酒為主的地方，下酒菜不一定會有固定的菜單，客人多半會吃飽飯後續攤來這裡喝酒，不過，這家スナック的鄰居是一間家庭式的餐館，有時候酒客早一點進來，會在餐館點餐，再送到店裡來吃。有一次店裡很忙，我根本沒時間吃晚餐，客人剛進來，看我忙進忙出，關心我晚餐吃了沒，請我到隔壁的餐廳幫他點幾道菜，要我順便點幾道自己想吃的東西墊墊肚子，別餓壞了。

這就是日本文化有趣的地方，客人允許我可以點幾道自己想吃的，如果今天是日本人站在我的角色，肯定是不會為自己點菜的，就算是和客人非常熟，可能也只點個一、兩道。但我其實沒想那麼多，隨興點了一些我覺得不錯的菜色，即使不算便宜的干貝，但看起來料理得很好吃，我也點下去。

我和這位日本歐吉桑喝過幾次酒，交情也很不錯，當菜一上桌，擺滿了一桌，也出乎他意料，他笑了一笑，還虧我說：「看起來妳的食量好像不小哦！」惹得大家哈哈大笑！歐吉桑沒料到我會點這麼多東西，主要是在日本，這個狀況不會發生，但是遇上了我的不按牌理出牌，也讓他覺得很有趣！

我在這裡工作沒幾個月，ママ就找到正職小姐來上班。這一段打工的經驗，除了領著五小時一萬日圓的薪水，換來的卻是難能可貴的體驗。也許一般人聽到日式酒店，會往情色方向做連結。不過，日本的酒店類型有很多種，客群也不一樣。能夠在スナック打工，一處讓人感覺溫馨的酒館，對我來說更加貼近日本上班族的日常，透過聊天的過程，感覺就像穿過了日本社交文化的表層，反而讓我看見更深層的一面。

因為這次スナック的打工經驗，藉由跟客人聊天對日文的學習是很棒的經驗，但我更感謝學習到不同層面的「服務精神」，看到日本不同層面的「飲食」及「飲酒」文化。

我覺得這個在學校是永遠學不到的一環！其實無論是便利商店，還是飯店還是餐廳，我很支持在求學過程中，只要不要影響課業，在日本當地打工，除了可以因服務快速學習日文外，最重要的是這個語言背後的文化，進而懂得怎麼與日本人溝通。

沒想到來到沖繩後，能在「Analog」再度體驗スナック帶給我的溫暖記憶，吃著老闆娘的手作的韓國泡菜，真是令人讚不絕口！原來，時任太太是韓國人，嫁到了沖繩，起先只是幫忙店裡準備免費的下酒菜，沒想到韓國泡菜深得客人喜愛，愈來愈多客人指名就要吃這一味！

只是在疫情期間，日本的餐廳禁止提供酒類產品，使得小本經營的スナック面臨生存考驗！然而，唯有在危機當中，人類的求生智慧才更能被激發出來。Analog在日本發布緊急事態宣言後歷經了無法營業，時任先生憑著韓國太太的好手藝，發展出疫情之下的「新事業」，租下一間小店，販售正宗的韓式炸雞、海鮮煎餅，以及韓式飯捲，當然少不了讓許多客人回味再三的韓式泡菜。

如同時任先生對於黑膠唱片與昭和時代的音樂懷想，讓人心動的不僅僅只是A面主打歌的一聽上癮，往往在唱片B面流洩的旋律，在不經意的當下隱隱觸動著連自己都可能忽略的內在世界。Analog在疫情之下催生出了「Analog B-side」，以美味延續客人對スナック的情感，更開發在沖繩地區比較少見的韓式料理客群，Analog維持了スナック的傳統特色，它的「B面」照樣圈粉，讓我更驚歎於時任夫婦可以把一件喜歡的事，做到有價值。

也許在スナック的打工經驗默默在我心中種下一份信念，而換做是當一位スナック的客人，我可以自在地享受著與一般上班族一樣的角色。這些經驗影響我至今對於經營「根本在旅行」品牌的方向，我希望精品咖啡不是有距離的，而是能被帶到生活中；可能因早晨喝了一杯自己喜歡的好咖啡而開始努力的一天；可能因午後喝了一杯味道特別的咖啡，忘掉一些煩惱。我想做的，不只是進行銷售咖啡產品的行為，而是藉由生活中的一杯咖啡開始進行交流，再連結到每一位曾經相遇的人們每一次的生活。

而來到スナック，不能免俗地總會被拱著指名點播廣末涼

子的歌，我喝一口啤酒，拿起麥克風，唱了《大好き》還不過癮，再來一首《Majiで Koiする5秒前》，彷彿回到了少女時期天真無畏，勇往直前。

Analog 牆面以昭和時代的黑膠唱片布置。

我和 Analog 老闆時任先生。

04

我並不是一開始就決定創業

我進入日本大企業，頂著銀座 OL 的光環，
卻嚐到有志難伸的無奈。

人生規畫本是赴美留學……

我從國小就喜歡看電影，透過看電影學英文，是爸爸教我從生活中學習的方式，例如從電影學生活常用的英文、理解歐美文化的特色與差異，然而，電影也是一個國家採取文化輸出的管道之一，所以電影情節帶給我的影響，讓我嚮往著去美國體驗不同於亞洲的校園生活。

某天下午，我茫然地走在政大校園中，想著自己現在就讀統計系，念到畢業後要幹嘛？我不知道。那麼，現在的所學所聞，對我而言是什麼意義？可能是逃避，也可能是注定；在這個迷惘的時候，我接到表妹捎給我一個訊息，那是日本一間很特別的大學入學資訊。

入學資訊上寫著申請成功的學生，可以免學雜費入學。我心想，若是有百分之百學費全免的獎學金及免費兩年的日文課程，無論將來繼續留在日本，或是回來台灣繼續念完政大統計，甚至前往另一個國家留學都無妨。如果能申請就讀這間日本大學，有這樣的體驗似乎也不錯。

如果不是表妹捎給我報名日本大學獎學金的訊息，我可能就錯過到日本留學的機會，也許會認命地在政大念完統計學，畢業後再赴美攻讀研究所，實踐我的美國留學夢。

爺爺在世時，十分鼓勵我將來可以出國留學，甚至說好為我準備留學資金，只是，突來的天人永隔讓計畫趕不上了變化。

沒有了爺爺的資金援助，對於需要高額學費的美國名校，我只能靠自己的能力實踐夢想，然而，卻因緣際會有了申請到日本大學的百分之百學費全免的獎學金機會，開啟了我與日本的緣分。許多緣分在冥冥之中發生，就像我從沒想過會到日本念書，而且一待就是快十年，也沒想到人生走到現在，竟然會有三分之一的歲月都在日本這個國家生活。

青澀年代初探日本，人生奇航第一泊

對於出國留學拿到獎學金，我覺得有一些訣竅，除了研究計畫與方向外，我覺得最重要的是「推薦函」與「面試」。

推薦函找到關鍵人物（key man）寫很重要，可能他是那個學術界中的佼佼者，可能他是那個領域中的領導者，找到對的人寫推薦函，比起成績亮眼來的重要。另一個就是抓住面試官的心，不是要讓面試官知道成績多好，而是讓他們知道你多特別，例如：面試時我曾說在交流協會中做義工，促進台日交流一環。這點讓許多面試官覺得我很特別，因而留下深刻印象。

我成功申請就讀立命館亞洲太平洋大學四年學費全免的機會，由於我不懂日文，當初是以英文能力證明申請就讀，校方的課程提供以英文或日文教學的選項，因此，我只背了五十音就去日本留學，原本打算只念兩年學個日文就好，不過卻念完了大學四年。若以一年學費約五十萬台幣計算，我比一般留學生省下了兩百萬元的學費。

二十歲那年的暑假，我從大分到了東京旅遊，學生時期的我十分撙節用度，和朋友在東京旅遊時最大的娛樂就是「走路」，我們甚至決定走山手線一圈，一步一腳印，捕捉東京最多人使用的山手線各站風情，更可以看到平常坐電車時看不到的風景，我感覺自己似乎更能了解生活在東京的日常樣貌。

有一天，我們走到新橋站，看著日本上班族的人潮，辦公大樓的佇立，我立下一定要在日本的大企業工作看看，不是為了金錢，也不是為了成就，全然是一個二十歲出頭的女孩，好奇地探索著對日本文化的認識……。

別府溫泉飯店「潮騷之宿 晴海」。

進入全球玻璃龍頭廠 AGC 工作

我很熱愛美食，看到日本人就算是做一道甜點，每一道細節都不馬虎，嚴謹的程序讓我十分佩服。我在日本念到大學畢業，其實還沒有確定自己未來是不是要創業，但是我很想知道日本和菓子為什麼這麼好吃？他們從小是受了什麼教育，可以把任何事情都做得井然有序，我在大學畢業後，很想進日本企業感受他們是怎麼培育社員。

由於我大學讀的是文科，在日本職場，文科工作大部分都交給派遣工，比較難接觸到企業對社員從零開始的培育計畫。再加上我又是一名外國女子，如果沒有專業技職項目，很不容易成為企業的正社員。我認為自己如果有理工背景，能夠進入日本大型的製造業，可以接受到企業完整的培育訓練，應徵工作時也比較有機會成為正社員。

由於我的數學不錯，讀理工科系難不倒我，於是我決定在日本繼續攻讀研究所，而且要考理工相關科系。而我則是很順利地考上了早稻田大學，就讀資訊生產系統工學研究所。

我在早稻田大學攻讀研究所期間，也拿到了校方的獎學金，一年學費約五十萬台幣，可以補助七成，兩年研究所畢業，我省下了七十萬台幣的學費。再加上我也獲得日本扶輪社每個月約五萬元台幣的獎學金補助，研究所兩年讀完畢業，我也獲得一百二十萬元的資助。讓我在就讀研究所期間不受生計影響學習。

每到日本校園的畢業季，也是日本企業的徵才季，而四月普遍是企業新社員的就業潮。我念完研究所畢業，開始選擇要進哪一家企業，我想起自己大學在念品牌行銷時，學習到日本有很多自創潮流品牌，日本人很會做品牌。如果我要徹底了解這個過程，就要進大品牌的企業，公司才有資金可以投入教育訓練，我才能真正學到東西。

我想到大型的製造業裡接受培訓，一來大企業有完整的培訓計畫，而且日本製造業的強項是創造力，從零開始開發新產品的能力。如果我將來真的要創業，如何從無到有開發新產品，建立嚴謹的生產流程，這份學習對我十分有幫助。

如果我可以進入以 B to B 為主的製造商那更好，畢竟將來有可能走上創業這條路，學習如何面對消費者的管道何其多，但是對我更寶貴的經驗在於如何去面對合作廠商，企業之間的商業模式如何成形，合作溝通的技巧，這些知識與經驗在大型企業裡可以看得更廣、更全面。

於是我選擇了當時全球最大的玻璃製造商旭硝子株式會社（**Asahi Glass Company**，**AGC**），主要是開發車用玻璃還有建築用玻璃的製造，像是日本新幹線列車都是採用 AGC 的產品，有些歐洲美術館的建築也是採用 AGC 生產的玻璃，就連高雄捷運美麗島站的光之穹頂藝術創作，所採用的就是 AGC 的產品設計。

AGC 也做了一些民生消費所需的用品，像是手沖咖啡壺，只是當時公司並沒有特別行銷這一塊消費市場，而且多半是接其他品牌的代工。

菜鳥新體驗，累積創業養分

二〇〇九年四月，是我踏入 AGC 成為正社員的第一天，那

在巴黎的 LV 所使用的鏡子，是採用 AGC 的玻璃製作的。

天公司任用了一百四十位新社員，其中只有十位是女性，我不但是其中之一，更是唯一的「外國人」，所以大家很快就記得我的名字，反倒是我，要記得其他一百三十九位的姓名，得花一點時間。

在這個十分重禮數的日本社會，尤其是一家大型企業的職場環境，第一天上班就有好多一起進公司的新社員叫得出我的姓名，而我卻喊不出別人的名字，對我來說非常失禮。也因為這樣的壓力，訓練出我對陌生人的快速記憶能力。

公司對於新社員入社會進行為期三個月的研修，像是新人訓練。前一個半月大家會一起上課，從認識AGC公司開始，了解玻璃的生產過程與基礎知識，還會上一些商業溝通訓練、教育社員日本職場必須用到的「敬語」，以及基本的商業日文、還有工廠管理排程等等。課程裡還包含如何對客戶做簡報、甚至還有思考邏輯的訓練課程，啟發新社員從零到一的開發商品能力。

接下來的一個半月就得參與工廠實習，我們這一期的一百四十位新社員中只有十位女性，其中有六位擔任會計職或是其他文書類的工作，不需要進工廠實習，最後只有四位女性分派到不同的工廠實習，她們的職務本來就是在工廠，實習後會留在廠區，而我則是在實習完之後，回到總公司服務。

日本公司栽培我這個新社員真的花了不少投資。我從位於銀座的總部到神奈川的工廠實習，這段期間總部認定是「出差」，因此給了我差旅津貼。神奈川的工廠雖然有員工宿舍，但工廠作業員幾乎都是男性，宿舍幾乎成了男生宿舍，總部為了我這位女性社員的實習工作，特別在工廠附近租了一間短期套房給我，月租二十萬日圓租金由總公司負擔。

如果原本的職務就在工廠工作的新社員，例如實習後到車玻璃工廠服務，新社員在實習期間就必須學習相關的製程等等專業的工作項目，但是我是隸屬於總部，實習內容主要是了解工廠生產線的流程，有時候會跟著工廠廠長或是帶領實習的負責人，看著生產線上的作業，負責人跟我解說流程的細節與注意事項。

在工廠實習期間也必須配合工廠的制度輪三班。由於我在總部的上班時間是朝九晚六，配合工廠輪班還可以依公司規定領到加班費。這是我第一次體驗大夜班的工作，從晚上十點到隔天早上七點。帶著我的工廠職員看我是個女生，又是總部派來的，其實不會讓我實際操作工作項目，主要是讓我實際了解他們的工作流程，這部分的理解對我回到總部後的工作內容是有幫助的。

我第一天上大夜班時，工廠職員就告訴我，旁邊有一間休息室，裡面有枕頭，如果我累的話，可以進去休息。有時候他們還會一起買消夜，分給我一盒生魚片，跟我說：「肚子餓先吃一吃，吃飽了如果想睡就去睡，睡到早上也沒關係。」我覺得他們很有趣，也很體貼。

在接受三個月研修期間，讓我感受到 AGC 非常細心在針對員工的培訓與照顧，對於員工的投資，背後的意義就在於讓員工可以全心全意地回饋給公司專業與誠信。這也影響到我後來開店的經營與處理人事的方式。

離開 AGC，創業青鳥上門

實習結束後，我回到了 AGC 的銀座總部，任職於資訊系統部門，主要的工作內容是做為資訊系統工程師和使用者之間溝通的媒介。我必須了解公司的系統在用戶端的需求，並與工程師溝通開發，設計出對用戶端友善的使用體驗，甚至讓客戶更方便下單，也能為公司帶來營收。

我所負責對象幾乎都是公司海外分部、子公司的企業網站或資訊系統，協助改善、優化系統，使他們跟客戶的合作交易更有效率。因此，我負責的案子面對的都是 AGC 公司裡的社員，因此不太會遇到很難搞或是很難溝通的客戶，尤其是海外分公司或子公司也不太敢對總公司提出需求，工作上我比較少有壓力。

有一次，公司針對太陽能板的開發，要集結各海外分公司的社長開闢一個討論區聯絡事項，而我便是負責開發這個討論區的架構，必須聯繫泰國、韓國等海外分公司的主管，去溝通與協調他們最方便使用的介面；我也負責企業內部網站的改版優化，讓社員可以更有效率地透過內部網站獲得社內各單位的資訊；另外，我還幫我的上司經營企業內部的部長部落格，現在回想起來，也許我在當時都已經做了社群小編在做的訓練呢！

即便我的工作內容看似和 AGC 最主要的核心產品開發不太相關，不過在網路化的時代，企業內部的新事業、開發新產品，其實都仰賴資訊系統部門，我其實簽訂了許多保密條款，因為公司開發的新品項、新事業、新的企業合作案，有許多資料都是我經手上傳公司，我也覺得自己很幸運，可以間接接觸到公司的營運規劃。

AGC 雖然在日本是百年企業，不只在產品的開發與品質的要求保持在領導地位，然而傳統企業與老舊思維的包袱，公司也願意突破。我覺得自己很幸運，在成為社員的期間，參與了公司的改革。例如公司內部有許多活動，是增進社員之間的互動和連結，類似把團康活動帶到公司內部一樣。另外，也舉辦了社長和各部門員工分別餐敘，增進上司與下屬之間的互動。

我還記得有一次部門和社長餐敘時，社長問大家未來對工作的期望是什麼，甚至還開玩笑問：「想當社長的請舉手。」我毫不猶豫地舉起手來，只有我一個人舉手。

沒想到，我離開 AGC 後，果真創業當了社長！

我在日本 AGC 工作時期。

銀座 OL 空有光環，社會對女性偏見深

由於 AGC 公司位於東京繁華的銀座商圈，我不但如願成為日本女性上班族「OL」，而且還是「銀座 OL」，那時候對自己來說是一種身分的肯定。每次下班時段和三五好友在銀座聚餐閒聊時，我經常拿自己是銀座 AGC（Asahi Glass Company）社員的身分開玩笑，自嘲這個「銀座 AGC」其實是「銀座 Asian Girls' Club」酒店小姐，常常逗得朋友哄堂大笑！

在繁華的銀座街景，世界精品名店佇立，人人穿著時尚套裝，手上拿著名牌包；看似人人羨慕的銀座 OL，其實也是每天跟著大叔們一起擠電車的普通上班族。在這裡一棟一棟華麗的建築中，我們好像是被困住的一隻五顏六色的小鳥，有著美麗的羽毛，但我卻感覺游走在城市裡的女性，沒有自由的內心……。可能某種程度，我的 AGC 的哏來自於這反差極大又矛盾的「銀座 OL」生態。

在 AGC 工作的日子中，最期待的就是一天辛苦工作後在銀

座享受美食的時刻。東京不愧是亞洲數一數二資訊快速的流行城市，銀座也不愧是政商名流造訪的繁華鬧區。集結異國美食、米其林餐廳，從日本傳統國民美食到高級料理，法式，義式，西班牙，泰滇緬越風味餐……，無論你想吃什麼，全球特色美食，只要在銀座蒐羅餐廳，從來沒有讓我失望過。

除了美食之外，還有甜點與咖啡，也是令我印象深刻的。

銀座其實有很多喫茶店（日式老咖啡廳），在這裡點一杯咖啡，搭配簡單的輕食，或是當天只是老闆或老闆娘無心的料理，那一份日常的美味，經過美食部落客推波助瀾，便能招來大批觀光客朝聖，成為人人必吃的一份餐點或那一杯咖啡。

在銀座，讓我留下深刻印象的喫茶店，莫過於「CAFE DE L'AMBRE」，店裡只販售咖啡，最知名的是加了煉乳的咖啡飲品「琥珀女王」，琥珀色的咖啡與鮮明白色的煉乳融合，就像在銀座那些高貴氣質非凡的女人們，也許我們不知道那些辛苦的過去，但她們總是能展現甜美笑容，就像

東京 CAFE DE L'AMBRE 咖啡。

「琥珀女王」般，在這個五顏六色的城市中閃閃發光。

把握出差機會，看看世界不同面貌

在日本讀書的台灣人，多半都是回到台灣的日商公司上班居多，也有一些台灣人直接在日本企業工作，不過如果要從日本總公司外派回台灣的話，根據日本的升遷系統，基本上需要在日本總公司待到一定的資歷才有機會。

日本公司的工作嚴謹，在傳統企業更能看見端倪，每一周都要針對自己的工作進度報告，如果是比較複雜又需要整合的案子，每周也有進度，其實就是多了一分文書工作，也可以透過報告來檢視自己一周的工作進度與成效，然而我多半的客戶對象都是企業內部的職員，相較來說每周的工作進度並不明顯，反而我必須絞盡腦汁寫出洋洋灑灑的工作報告，我笑稱這根本就是作文比賽！

每一年，我的上司都會和下屬進行約談，這幾乎是日本一般企業例行規矩，主要是讓上司了解下屬一年來的工作效率與成果檢討，有沒有反映的事項，以及了解下屬未來短期、長期的職場規畫。

在AGC的工作內容雖然對我來說沒有特別有難度，但是我常常會思考自己是否真能安於這麼穩定的工作內容，還是我骨子裡其實更喜歡再更有挑戰性一點的工作？像是我很喜歡旅遊，四處吃吃喝喝，我喜歡透過不同的城市吸收在地的文化風景，我在國際玻璃大廠AGC工作，更期待有時候可以出差，看看世界不同的面貌。

我把自己的想法如實地在上司約談我時提出，上司也對我也很坦誠，在日本的傳統社會結構下，我們部門的確會需要出差，但是多半都會委派男職員出差。如果要讓像我這樣的女職員出差，不是沒有機會，但是機會不大。

由於日本職場的體制，在傳統產業中還是偏向保守，雖然公司會給女性婚假、育嬰假等優渥的福利，然而這些都是企業成本。最難克服的是日本社會看待性別差異，普遍仍認為女性工作必須兼顧家庭照顧者的主要角色，因此，已婚或是有孩子的職場女性，公司自然而然地不會交付她們太過重要的工作，一來降低公司調度人力與人事成本，二來如果交付重任給她們，一旦影響她們照顧家庭，公司反而成為女性工作者的壓力來源之一，日本職場對女性工作者的「尊重」，反而讓我覺得被限制發展；日本女性很難為自己決定要過什麼樣人生，因為整個社會價值觀已經先設限了。

看著這樣的職場文化，我突然有一種生於台灣的女人，在所有亞洲社會中，能擁有生活自主權而感到幸福。

女性身兼數職，性別待遇差異大

其實日本的職場文化，基本上不太出現頻繁的人員流動，身為員工，如果可以在一家公司待上一輩子，就不會想換工作，而且，換工作也會讓下一個面試主管質疑你對於公司的向心力與忠誠度。於是我想像自己如果一直待在AGC，這麼穩定的工作內容，憑著我的英文、日文能力，過了三年、五年，也許可以升遷成為主管，負責帶領下屬，還是做一樣的工作領域；出差也許只是奢望，只能憑運氣，又過了五年、十年後，年薪也許可以達到二千萬日圓，住在高級的公寓中，嫁給也在大公司工作的老公，經濟上也許不必太操心，但是這份工作，一點也不會讓人感到興奮。

那時候，我交往了一位在凌志汽車擔任設計師的日本男友，有一天，我們聊到未來的人生規畫。他興沖沖地說，將來成為一家人後，我們兩人都在不錯的企業上班，年薪至少也有四千萬日圓之譜，將來根本就是人生勝利組。男友的這一番話，忠實呈現日本一般社會價值觀，但是卻一棒把我敲醒。我開始思考這究竟是不是我想要的人生？年薪四千萬日圓等於人生勝利組？我的人生，難道就只剩下數字嗎？

我覺得企業不應該設定女性的人生規畫一定會結婚生子、走入家庭，然後一定會在家相夫教子，因此女人必須得在家帶小孩，她一定會放育嬰假，而讓管理職幾乎優先派給男性，我覺得這是不公平的。也許多數人認為，人生勝利組的定義是雙方都待在經營得很棒的公司，有一份很優渥的年薪，買一棟舒適的房子、開著一部豪華汽車，而且還有一雙健康的兒女。

但是我心目中人生勝利組的定義，是當我現在想去海邊散步走走時，我馬上可以帶著庫柏到海邊，拋開一切在海邊放空。我想要走遍世界的每個角落，吃著廚師用心做的每一道料理、每一口留在我心裡深刻的甜美，告訴大家這些東西有多麼好吃，分享給更多人知道。

返台遇貴人，創業推手來了

AGC至今對我來說都是一家非常厲害的日本國際製造業，如果我一輩子的志向是追求穩定的工作，這裡的確是我願意付出所學的地方。然而它對員工另一層看不見的啟發，是看見內心最渴望、最願意赴湯蹈火的那一份衝勁！

從求學到工作待在日本十年的我，突然接到奶奶病重的消息，我真的不想錯過陪伴奶奶的最後時光，因此辭去了AGC的工作返台，我也和當時的日本男友結束了戀情。

回到台灣陪伴奶奶最後的人生，並在台灣卡西歐擔任秘書工作。我從十九歲到二十九歲，整整十年的時間都待在日本，其實也不太了解台灣的職場文化，起初來到卡西歐，其實有點不適應。

在日本工作時，雖然會有職場上一些熟悉的朋友，也止於一般工作上的交情；而在台灣，難免會出現小團體，尤其面對中午吃飯時的聚餐邀約，我都選擇「不吃午餐」婉拒

在創業的路上推我一把的入江先生。

不同團體的邀約，而日籍總經理入江慶多先生的心思細膩，觀察到我的為難，每到中午都主動邀約我吃飯。

我和總經理有許多工作上的接觸，有一次，他從日本回台，帶了伴手禮分送給公司同事，我被分到了一個銅鑼燒，因為沒有包裝，不知道是哪一家菓子店出產的。我拆開包裝，咬了一口，鬆軟的餅皮與綿密的紅豆餡立刻勾起了我的回憶！我問總經理：「這該不會是兔屋的銅鑼燒吧？」

總經理和我一樣都很愛吃日本和菓子、銅鑼燒之類的點心，他一臉驚訝地看著我，因為就連一般日本人都不一定能夠吃一口就分辨出品牌，但我卻能精準地猜中！他覺得我的味蕾很敏銳，很適合從事和食品、餐飲相關的工作。被他這麼一說，我對自己的「品味」又多了一些信心。

隨著總經理辭職，我也離開了待了半年的台灣卡西歐。有一天，我收到了入江先生的簡訊問候，他說，東京的一家我非常喜歡吃的鯛魚燒店わかば（若葉）在應徵工讀生，他對我的味覺敏銳度印象深刻，也覺得我有創業的特質，如果可以在自己喜歡的銅鑼燒店學習，也許對我未來創業

日本知名的銅鑼燒店「兔屋」。

很有幫助。

我在台灣一直吃不到日本正宗鯛魚燒的味道，即便在許多日系百貨公司的美食街也做不到位，總是覺得粉皮又厚又乾，不然就是口感像雞蛋糕，紅豆餡料又給得不多，如果在台灣可以吃到像「わかば」的鯛魚燒，皮薄內餡豐厚，每一口咬下去都吃得到濃郁的紅豆餡，而且是採用單剪式製成鯛魚燒，那該多好。

只不過這個工作機會要大老遠跑去東京面試，而且只是應徵工讀生，任用了之後還要立刻找房子安頓下來，拉拉雜雜的瑣事會讓人想打退堂鼓。不過，我是個不會想太多的人，想做什麼就去做，自認為是有行動力的人。於是上網先訂了三、四天的住宿，飛到東京四ツ谷的「わかば」鯛魚燒面試。

創業初衷始終不變，品牌未來已定

東京的十一月正值わかば的銷售旺季，尤其店家會把鯛魚燒的紅豆內餡單獨販售，因為日本人入秋後到新年時節，習俗上會買紅豆餡回家熬煮成紅豆湯、湯圓等等甜品，因此每逢秋冬，わかば特別忙碌，生意特別好。

由於我的日本工作簽證還在效期內，因此只要店家願意雇用我，我馬上可以上班。わかば的社長看到我的履歷一整個嚇傻！一個從早稻田大學研究所畢業的理工女，待過日本非常知名的大型製造商工作，現在卻跑來應徵時薪只有八百日圓的打工仔，社長對於我為什麼要來應徵，完全無法理解。

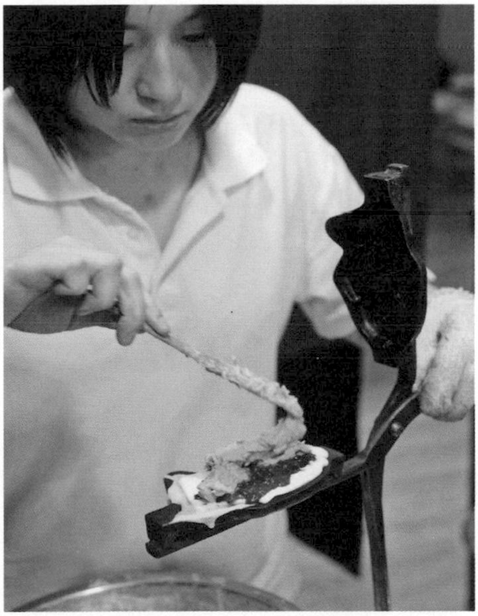

我親自前往東京學習，把正宗日本鯛魚燒帶來台灣，開了若葉鯛魚燒店。

我也很直白地跟社長說，我是真的很想在台灣開一家日本正宗的鯛魚燒店，並且誠摯地表達我很期待能夠與社長合作。然而，可想而知，社長一定覺得「這怎麼可能」！當下沒把這件事放在心上，只想解決缺工的燃眉之急，於是通知我下周就可以來上班。

我就這樣被錄取了，立刻在當地找房子。我在東京找了月租型的房子，只要拖著一只行李，馬上就可以入住；家具設備齊全，不過空間不算太大。

我在店裡只是工讀生，一開始的工作就是不斷洗餐具、打掃環境，師傅根本沒有要教你的意思，你只能用眼睛觀察，自己找機會學習。店裡除了外場有兩座製作鯛魚燒的烤台外，廚房裡還有一座，在訂單爆量的時候，三座烤台才會同時運作。而我只能在份內工作完成之餘，以及廚房的烤台還空著的時候，把握時間練習。

熬紅豆泥是一門學問，店家其實是日本和菓子協會的會員之一，協會會製作公版的料理影片，而我就是先看影片學習，再自己練習。

我在わかば鯛魚燒總共工讀了九個月，第二代的爺爺已經退休，店裡的事務都交由第三代的兒子打理。爺爺年輕的時候很喜歡玩劍道，而且和台灣劍道專家也有交流，每年都會來台灣幾次，也經常來到台灣交流順便旅遊。他聽說我來應徵工讀時就打算未來在台灣開日本鯛魚燒店，本來沒有放在心上，直到我真的要回台灣，聽到我是認真地要開鯛魚燒店，對於這一份讓日本人喜歡的甜點可以漂洋過海到台灣，爺爺露出的笑容是興奮開心的。

我想像爺爺當初接掌家族事業的心情，在那個年代，要建立一個家族品牌，需要花費多少的心力與挑戰，奠下它百年歷史的傳承味道，而他承接了長輩創業品牌，抱持著傳承的堅定，初心肯定是讓每一位饕客能夠理解他對食物的用心。而我也想像著接手這一家百年味道的第三代，繼承了前二代奠下的基礎，他也許不需要煩惱沒有客人上門，卻也不能忽視延續傳統與開發創新之間的隱憂，或者，當他出生在這家和菓子店，就別無選擇必須挑起接棒者的命運。他要如何面對自己的角色與態度，決定了品牌未來的成敗。

我認為我對學習鯛魚燒的這一份心意，讓爺爺看見了我對食物的熱忱，也許正好觸動了他當年接掌品牌之時初心，對我在台灣開店，給予我滿滿的祝福與協助。

「若葉」鯛魚燒的誕生

二〇一二年八月，我結束日本學習製作鯛魚燒之旅回到台灣，一直在思考我的鯛魚燒店要取什麼名字？朋友開玩笑地跟我說，可以叫「紅豆泥」之類的，我心想，這種店名實在太不適合我了，於是我想到在東京工讀的這家店「わかば」，它的漢字就叫「若葉」，而「若」在日文有新生的意思，「若葉」也有一種落葉歸根新生的感覺。雖然我很想取別的名字，但是，一直找不到比「若葉」更符合我理念的名字了。

わかば第二代的爺爺對於我在台灣開店，很大方地跟我說，他願意讓我用漢字的「若葉」、或是英文拼音「Wakaba」來當做店名，而且只限定我在東京地區不可以開業，東京以外的地方，他都不反對我用「若葉」經營鯛魚燒店。

雖然這只是一份口頭承諾，雙方沒有簽下任何合同，爺爺對我的信任，讓我銘記在心。許多餐飲業、食品業經常講究「祖傳祕方」、「獨家配方」，美味的祕訣要簽下保密協定不可洩露。然而，我在わかば工讀期間的任何學習，只要我開口問，最後都會找到答案！而且爺爺還願意我使用「若葉」，一來我覺得手藝有被肯定承自東京わかば的味道，不然爺爺也不敢讓我打著他的品牌開店；二來我看見的是，做食物者最榮耀的時刻是被喜歡這份味道的人看見，而且不吝於分享給更多人，讓更多人學會怎麼做。

回到台灣之後，我開始尋找店面，其實沒有花太多時間就下決定，因為我知道，一定不會有一間店面是完美的，只覺得如果租金合理，空間適合，就希望趕快承租並開始進行開店的所有繁雜的事情。

一開始本來鎖定天母商圈，不但是許多日本人、外國人居住的區域，附近也有日僑學校，也許很適合經營鯛魚燒店，不過，二〇一二年時的天母商圈，人潮已經不如過往，加上當時的我住在板橋，想到通勤時間上的時間成本，也許在離家近的板橋尋找店面也是個好選擇。正巧在板橋大遠百對面有一間店面在招租，我其實也沒特別評估附近的人潮，只覺得租金合理能負擔，店面大小符合需求，離家裡又不遠，我沒想太多就立刻租下。

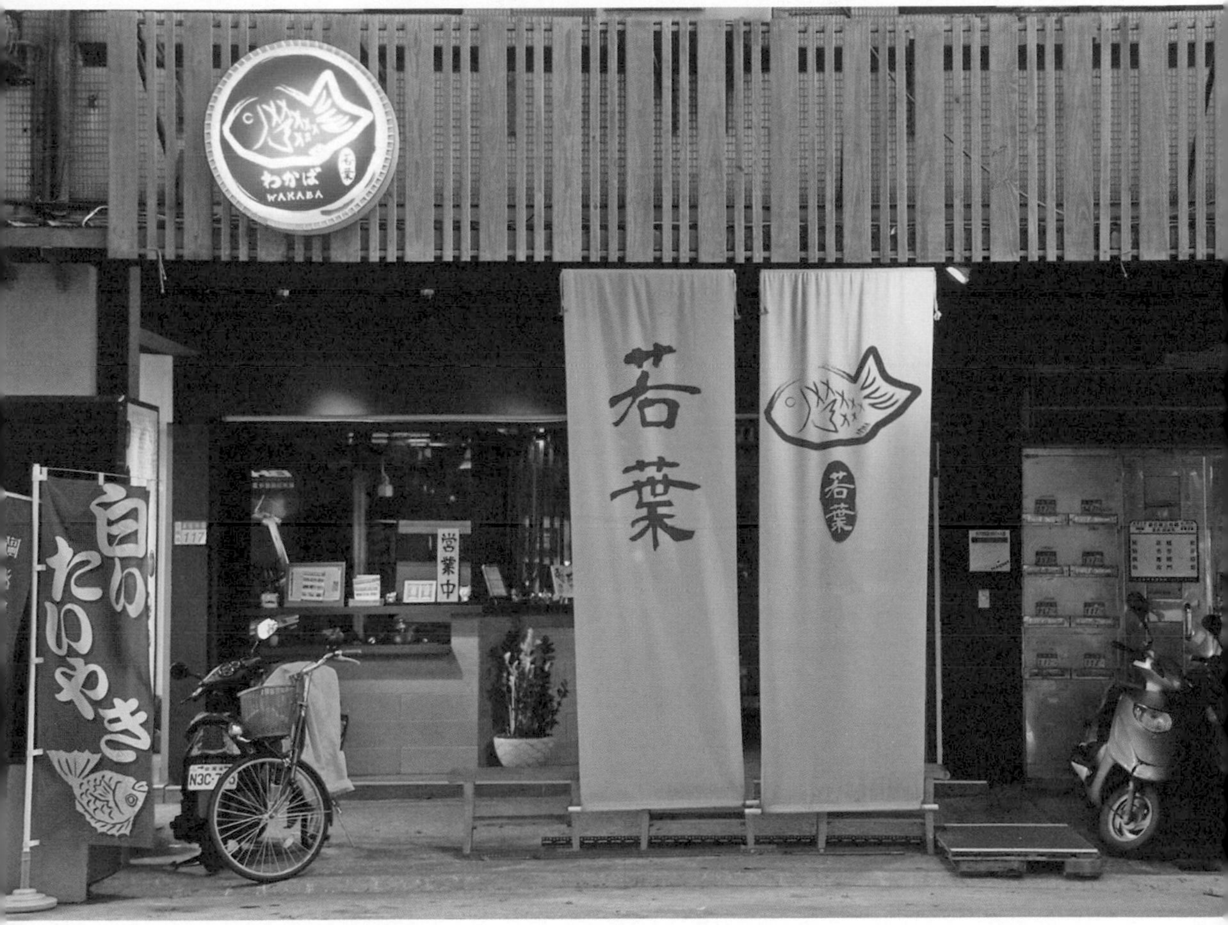

我第一次創業的「若葉鯛魚燒」。

我很幸運認識到一位住在我家附近，與我年紀差不多的女生，幫我的店面進行裝潢設計。也許因為年紀相近，聊起裝潢設計上的想法十分合拍；由於我們都是美食愛好者，會一起分享喜歡的咖啡廳，討論店家裝潢設計，感情好到會一起逛街，為店面採買裝潢素材或潮流飾品，店面的裝潢設計居然不到一個月就迅速完成。

由於我在東京わかば打工學習的是單剪鯛魚燒製作，當時在台灣根本沒有類似的烤台模具可以直接採購，而我這種小本經營的生意，也不可能在台灣找鐵工打模訂做單剪器具，只能上網研究這一組單剪式模具在日本如何採購、到台灣如何報關等等程序，我都親力親為。雖然花了點時間，但是學習到很多進出口知識，這個過程是開心的。果真從大學就埋在身子裡的貿易魂，對於從日本找到有趣的商品帶回台灣這件事，從十九歲到二十九歲，這十年從來沒有變過。

我結束在日本AGC的工作回到台灣時，身上的積蓄將近五百萬台幣，直到決定開店，我規劃投入約三百萬資金，預算分配在裝潢與生財器具設備約一百五十萬元，設計包

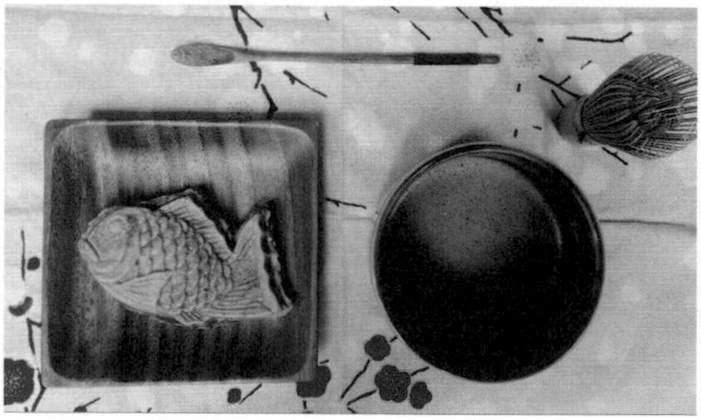

抹茶鯛魚燒

材製作五十萬元，食材器皿進貨五十萬元，還有半年週轉金五十萬元。

營業額翻倍成長，展店信心大增

賣甜點應該要配飲料，這是我的想法。所以一開始我也進口抹茶，除了想要讓大家喝到日本道地的抹茶外，還想引進日本抹茶文化。至於鯛魚燒的靈魂食材之一「紅豆」，一開始我還不熟悉台灣自產的紅豆，煮起來能否和我在東京わかば學習的口味一模一樣，於是開店初期我先採用了和わかば一樣的北海道十勝紅豆，直到我在屏東萬丹找到一樣口感的紅豆，特地南下拜訪了紅豆農園，親自挑選與試做，確定我所堅持的味道後，才進行採購。

就這樣，從籌備到開店不到半年，二〇一三年一月，我的第一間創業的實體店「若葉鯛魚燒」就這樣誕生了。

開店的前三個月是蜜月期，幾位好朋友與同行都來捧場。雖然板橋大遠百就在對面，相隔一條街，隔壁鄰居也有沒有其他店面可以吸引人潮來這裡逛，更不用期待百貨客人會特地過條街來到這裡買小點心，因此，第三個月後的客人少了許多，而且我的鯛魚燒單價就賣六十元，是百貨公司的兩倍價，當時大家對於百貨公司的鯛魚燒還停留在皮厚餡少口感乾巴巴的印象，根本覺得我賣的鯛魚燒貴得不合理。

這樣平淡的開店日子經營了半年之後的某一天，我發現有一位客人經常光顧我的店，每一次來都會嘗試不一樣的口味，我心想，這位該不會是祕密客還是部落客之類的吧？我和他聊了一下，才知道他住在板橋，是一名部落客。

沒過多久，他在部落格介紹了「若葉鯛魚燒」，而這篇文章登上了雅虎首頁，我感到十分意外，更覺得自己很幸運！鯛魚燒的生意因此而紮穩腳步，讓愈來愈多人知道，而我也第一次嘗到創業成功的果實。

在我開店步入的第七個月，我終於轉虧為盈，業績每個月穩定成長，第一年總結算還有六十萬元的淨利，第二年更翻倍成長，讓我有資金，更有信心，繼續展店與推廣品牌。

累積財富卻失去快樂，甚至累出病……

除了來到實體店面購買的客人，我們也接到許多外帶的訂單，我發現台北市其實有許多日商公司，而且還有一些金融機構會給部門員工一筆下午茶的預算，金額不算少，於是，二〇一四年八月，若葉鯛魚燒結束板橋店面，九月便搬到了台北市中山區遼寧夜市附近的巷子裡繼續營業，瞄準南京東路金融商圈與復興南北路上班族與日商公司的下午茶點心市場；此外，二〇一六年還在中壢大江購物中心開設第二家門市，而且每個月在各大百貨賣場都有品牌聯名快閃活動，那時候我忙得不可開交。

隨著鯛魚燒的生意愈來愈火熱，我的工作也愈來愈忙碌，雖然為我累積了一些積蓄，然而，曾經在我困頓、低潮、沮喪時的解藥，如此成為了我的「事業」。我把我對紅豆、甜食的熱情，製作成一道一道精緻的口味分享給大家之後，緊接而來的考驗，卻我幾乎迷失了自我。

我開始得學習在自己的喜愛與消費者的喜愛之間做決定；

我必須在喜愛之外，還得在原物料成本之間做取捨；我必須在很多自己的喜愛之中精準拿捏分寸；我必須在分享我最喜愛的鯛魚燒之外，處理人事、行政、獲利等我不見得喜歡的雜務。

我喜歡工作，但工作讓我忘了愛自己

隨著創業的種種人事、行政、消費者回饋與盈收之間的妥協，漸漸的，我雖然做著我喜愛的工作，卻失去了原本那個「喜歡」的感覺，壓力一點一滴在不知不覺中累積，也開始思索自己是否面臨了瓶頸無法突破，這時候，愈是忽視身體發出的警訊，它會加倍奉還在自己身上。

漸漸地，我發現視力愈來愈模糊，想不到年過三十近視度數還會加深，還是散光愈來愈嚴重呢？也因為視力模糊無法對焦，有時會出現頭暈、頭痛，次數也愈來愈頻繁。逼不得已，我只好去看眼科，看看是否需要重新配眼鏡。結果驗光師一直找不出我的視力問題，建議我去大醫院做詳細檢查。沒想到，一經檢查，醫師說我並不是因為度數加深加重，而是罹患了少見的圓錐角膜病變。

醫師解釋說，我罹患的圓錐角膜似乎和基因病變有一點關聯，會受到環境與工作壓力影響病情嚴重與否，然而多數患者在青少年時期就會發病，像我這樣拖到三十幾歲才發病的實在少見。由於我每天的工時長，有時候顧不得眼睛過敏還是得上班。罹患圓錐角膜的病人，得配戴特殊的角膜鏡片維持正常的視力，若沒讓眼鏡充份休息，病況只會愈來愈嚴重，最後只能進行角膜移植手術。

只要配了這個特殊鏡片，我至少可以維持原本的工作，沒想到卻遇到了這種特殊鏡片原廠正在更換台灣代理商，一時之間沒有貨可以訂，我至少有三個月的時間都在眼前一片模糊的生活中。

雖然烤鯛魚燒對我來說是非常熟稔的動作，不過在烤製的過程還是需要操作發燙的單剪對準烤台，光是因為視力模糊對不準，使得我經常被燙傷。不過，對我來說打擊最強的是，醫師提醒我有些活動之後必須禁止，深潛是其中一項，我心想，這輩子我再也無法潛水了！我開始意識到健康的重要，未來還會有多少生活大小事會因為我的病症使得我的行動自由被限制？

我不敢想像。

每周要跑好幾個百貨活動，時不時要從台北到桃園大江的店鋪走一走，我很想讓我的眼睛好好休息，但是若葉鯛魚燒正在成長階段，「我真的應該停下來嗎？」我問我自己。

疫情教會我，創業要從愛自己開始

二〇一七年九月，從求學時期一路瘋迷至今的日本女歌手安室奈美惠突然宣布在一年後退休，我非常崇拜她，為了孩子與家庭，在如日中天的演藝生涯中毅然決定暫時休息，爾後復出之路熬過低谷再創高峰，卻又能率性地決定退休。對於成就比我高上幾萬倍的她，都可以為自己勇敢的決定休息。面對我崇拜的偶像做了這樣的決定，我反思自己的人生，「留得青山在，不怕沒柴燒。」如果我賠上了健康，現在做再多的努力，成就再出色，那個意義是什麼？

左思右想，二〇一八年二月二十八日，我在臉書上宣布，若葉鯛魚燒將在四月二十日暫時結束實體店面。雖然陸陸續續收到各方表達意願能夠買下若葉鯛魚燒的品牌經營，不過我還是把品牌留住，它就像我的孩子，怎捨得交給別人養呢！

為了讓我的視力不再惡化，「若葉」跟著我休息，我也和醫師討論治療的方法，最糟的狀況就是進行角膜移植手術。至於角膜的取得，一種是從國外購買，得先登記再等通知；另一種則是等國內捐贈。然而，不管角膜的來源是哪一種，進行移植手術後也有身體排斥等問題，醫師也告訴我手術存在的風險，而我還是決定先從國外登記，等待角膜配對成功。

從我四月結束若葉實體店面後，壓力著實減輕不少，名義上我當做休息，但似乎我還是無法讓自己閒下來。因為有個朋友在一家餐飲顧問公司「愛天空」工作，客戶多半是打算來台灣展店的日本餐飲店。我以「打工」的名義讓我在「休息」期間，仍然沒有停止和餐飲相關工作的學習，而且又是和我的「台日友好」價值觀連結。除了擔任餐飲開店顧問外，還學到了在廚房炸甜甜圈的工作經驗！對於餐飲，無論是現場還是幕後，每一個環節緊緊相扣，都讓我反覆印證了自己：我是真的很喜歡跟餐飲有關的工作，而所有無論是幕前還是幕後的餐飲工作者，都是值得被尊重與學習。

勇敢接受自我，心靈的快樂富足來敲門

雖然若葉鯛魚燒結束實體店面，然而我卻收到和我一樣是鯛魚燒愛好者的回饋，甚至想跟我學習製作若葉鯛魚燒。我想起了東京わかば的爺爺無私地把家族事業的美味傳授給我，而我雖然學習自爺爺百年傳承的手藝，卻也經營出充滿涼子特色的「若葉鯛魚燒」，我終於明白爺爺一點也不擔心自己家的師傅離開之後創業，因為即便配方一模一樣，不同的師傅，會打造出屬於他自己特色的鯛魚燒。

因此，我收了四位「準老闆」，除了教他們製作鯛魚燒，採購設備器材，甚至協助他們開店，而我也不希望大家師出同門卻成為競爭對手，我堅持一個縣市只教一名學員，這些「準老闆」分別在花蓮、新竹、嘉義和台中開店。而我直到二〇一九年接到沖繩工作的機會，每個月都要飛沖繩一次，之後得住在沖繩工作。這段期間，我按時回診追蹤我的圓錐角膜病況，醫師很驚訝我的病情恢復得很好，

甚至認為我根本不需要開刀，這時我才真正明白，原來治癒病痛最好的方法不是手術或藥物，而是心靈的快樂與誠實接受自我的勇敢。

疫情教會我創業的心法，是要從愛自己開始。我不會再靠財富來證明我的成就，也不需要靠別人的肯定來證明我的能力。我有能力，是讓自己可以過快樂的生活：有能力幫助在疫情期間幫助過我的人、有能力讓台灣人在不能出國的時候，喝到日本原汁原味的咖啡，有能力帶著把一輩子交付給我的庫柏一起旅行，讓他成為疫情期間最幸福的旅行狗。

帶庫柏到明治神宮只能在外頭到此一遊。

能夠一邊工作一邊帶著庫柏找尋日本美味，是我最大的幸福。

05

夢想水到渠成
凡事追根究柢

當疾病限制了我的行動，

才真正明白自己最在乎的夢。

自備留日資金，打工學理財經驗

我從國中開始就有打工的經驗，那時候在補習班做電話行銷，時薪九十元，比起當時在便利商店的工讀時薪約七十元左右，薪水算不錯。直到我上了大學，也兼差做家教，時薪就更高了一些；另外，我也在飯店的宴會廳打工，擔任主桌的桌邊服務生。而這些工讀賺來的錢，我從投資基金開始，有分每個月定期定額兩千元投資，也有單筆定額投資。投資對當時的我來說，就是當興趣學習，就像當你身邊的朋友都在瘋某一款很夯的手遊，你也會跟著大家一起玩。

我和大部分同年齡的女生一樣，喜歡逛街，吸收時下流行潮物的最新資訊，姊妹淘聚在一起除了吃吃喝喝當下的流行美食，也會分享彼此對於潮流事物的新發現，而且會逛書店買流行雜誌，尤其是日本女性雜誌，成為我吸收流行資訊必做的「功課」。那時候電商正在台灣興起，是雅虎拍賣正夯的時代，每個人都可以很容易地透過網拍做生意，擁有自己的網路商店。

我很愛買鞋，尤其是球鞋。日本常常會出現一些品牌聯名的限量球鞋款，是很多迷弟迷妹搶購的標的。起初我只是幫忙代購，但是我的利潤不過就是收取服務費，於是我從日本的拍賣網站或是日本的過季商店賣場、OUTLET，蒐羅一些台灣人應該會喜歡的折扣商品，再轉賣到台灣。

求學時期我就非常喜歡買球鞋。

球鞋和服飾的利潤是最好的，我甚至和日本的球鞋賣場談合作，根據我一直以來吸收潮流資訊累積的經驗，看到合適的球鞋，就向賣場買下五十雙鞋，再網拍給台灣買家。隨著商品愈來愈多，我一個人也做不來，特別聯繫台灣的朋友幫忙，我負責進貨，他負責拍產品照與出貨，賺來的錢兩人平分。一個月下來，一個人的利潤四、五萬台幣跑不掉，最高紀錄曾經達到淨賺三十六萬台幣，每個人可以拿到十八萬，這筆錢就成了我的旅遊經費。

夢想並非賺大錢，賺錢是為了完成夢想

在日本讀大學不但沒花到學費，還讓我免費學日文；在課餘時我持續從事網拍並兼顧投資，讓我很快就存到了第一桶金。我發覺自己樂天的個性，可以從生活興趣的喜好，透過與人分享過程，慢慢為自己累積財富。我不覺得自己是為了賺錢而賺錢，而是我為了我的生活目標——我喜歡旅遊、吃美食，我想要擁有一間自己的房子——推著我，讓我有能力可以達成我的生活目標。

隨著研究所畢業，我順利進入旭硝子（AGC）工作，成為

多數人稱羨的銀座OL。每年有穩定的一百五十萬台幣的薪資，再加上我持續的投資收益，讓我工作兩年多之後，二〇一二年離職返台，累積了近五百萬台幣的積蓄。

回到台灣後，我打算創業，也想買一間自己的房子，於是在板橋家附近搜尋物件，我看了一棟位在板橋車站附近的新成屋，當時八月實價登錄剛上路，市場在一片政府打房的氛圍下，很多朋友都勸我這不是買房的好時機。但是我買房是為了自住，又不是投資，我詢問仲介好友的意見後，很幸運買下了一間十三．八坪，總價近七百萬的套房。我拿出兩百萬付房子的頭期款，剩下近三百萬就是我的創業資金。

沒想到我開了「若葉鯛魚燒」後，根本沒有時間搬家，每天下班後還是回到板橋老家休息。與其房子空在那，我心想不如出租好了。我很幸運地以每個月一萬七千元租給房客，也稍微補貼我每個月一萬九千元的房貸。

隨著若葉鯛魚燒的生意愈做愈好，店面從板橋遷移到台北市金融商圈的遼寧街附近，二〇一六年，我把板橋的套房出售，很幸運地賺了兩百萬元。

我曾經覺得賺錢好像是人生的夢想，透過賺錢好像覺得自己成長了，好像完成夢想了，只是長大後來漸漸明白，自己追求的夢想並非是賺錢，它只是你用來完成夢想的方式之一。

我喜歡旅行、喜歡吃美食，想要帶著庫柏走到世界的每個地方，然後分享我覺得很棒的東西，讓大家也能感受到我的喜悅與感動。求學時期的投資，對我而言是學習，學習怎麼理財，因為將來無論創業也好、拿來當旅遊基金也好、成家也好，一定派得上用場。直到畢業了之後，進入了職場，開始走上創業的夢想之路，我都可以利用現有的資金實踐它。

棄品茗改喝咖啡，無心插柳事業版圖擴

因為爸爸愛泡茶，我從小就愛喝茶，舉凡台灣的高山茶、烏龍茶，東美，紅玉、蜜香等等，我都覺得非常好喝，尤其是蜜香，茶湯香氣十足，口感帶甜味，而且價格親民，讓我覺得台灣製茶技術真的很強。至於歐式紅茶，我不愛香料感味道的紅茶，比較能接受台灣茶。而綠茶類我倒是覺得日本的宇治抹茶很有特色，且製茶技術高超。

我小時候第一次接觸到咖啡，只覺得這個飲料怎麼那麼苦；當我第一次喝到星巴克的美式咖啡時，它的焦味厚實，我實在無法領教，因此，對咖啡的印象，一直停留在我不覺得好喝的飲品。

早期的台灣受到廣告的推波助瀾，罐裝咖啡與即溶咖啡很快地普及到一般常民生活當中，當時咖啡似乎只是提神飲料；然而隨著義式咖啡興起，西雅圖、星巴克等連鎖咖啡店帶來了另一波的咖啡文化復興，各種商用、家用咖啡機的推出，迅速擴大了台灣咖啡消費市場，連便利超商也賣

起咖啡。

那時，開咖啡廳好像是每一位我這個世代的青年男女創業夢想之一，有些人從連鎖咖啡廳學沖煮經驗，有些人則透過學習烘豆技術下工夫，直到近幾年，精品咖啡遍地開花，成為市場主流。

在我大四畢業前，我有一位移民到澳洲的國小同學邀我去找她，那時候體驗了澳洲人喝咖啡的生活，打破了我對咖啡的味道只是又苦又焦的偏見。

在我就讀研究所時，某一次休假我來到福岡玩卻迷了路，誤打誤撞來到福岡城附近，這裡的綠樹蓊鬱，有幾棟樸素的建築在樹蔭遮掩下，低調得引起我的好奇。這家店叫Café Bimi「珈琲美美」，從一九七七年開業，創始人森光宗男先生師承自東京吉祥寺老字號「Moka もか」咖啡，而他在二〇一六年病逝，不過他生前培育許多學生，一起協助太太將咖啡店經營至今。

我特別喜歡這家店的水果磅蛋糕，而店家採用自己烘焙的

日本抹茶製茶技術高超，搭配甜點更能彰顯風味。

豆子，以法蘭絨濾布手沖為客人沖煮咖啡。我當時還不知道這些咖啡沖泡技術，只知道喝了第一口咖啡之後，完全顛覆我對它的刻板印象。原來，咖啡可以有這般清爽的口感，花香味帶點果酸，好喝極了！

分享是我的人生觀，透過旅行品嚐美食

當我進入日本職場開始工作，在熱鬧的東京銀座區有不少的咖啡廳，喝咖啡逐漸成為我的日常；二〇一一年，我辭職回台後，去了義比法旅遊，除了喝到好喝的酒，也感受了義大利人和法國人喝咖啡的日常生活，而在法國，甜點搭咖啡、甜點搭酒都帶給我非常多的驚喜。

二〇一五年我去了紐約，感受快節奏的潮流都會區裡的人們對於咖啡的生活態度，而在二〇一八年結束若葉鯛魚燒實體店面之後，我給自己放了假，飛到了美西的加州，朝聖藍瓶咖啡，也到了星巴克咖啡的故鄉西雅圖，當地人說他們根本不喝星巴克，而是喝 Seattle's Best Coffee。

我從一位不喝咖啡的人，成為了一位愛喝咖啡的人，就像

福岡的珈琲美美開啟了我對咖啡好感。

我愛日本甜食一樣，我想把我喜歡、覺得好吃美味的東西分享出去，並且不斷地追根究柢，找到每一家的咖啡從選豆、烘焙到沖煮，每一個環節如何注入職人的細膩思維，淬鍊而成一杯好喝的咖啡。

然而對於咖啡的知識，我除了透過一次又一次的品嘗，以及拜訪一家又一家的特色咖啡之外，無形之間也慢慢認識了許多咖啡愛好者、咖啡師、烘豆師等等，給了我許多學習的經驗。我也一點一滴學習咖啡與甜點的搭配，如何讓兩者的風味相得益彰。

許多人吃日式甜點或台式甜點似乎都是搭配茶飲，其實搭配對的咖啡，咖啡的風味與甜點的美味，會相互被引導出來，味蕾的享受更加分。在經營若葉鯛魚燒時，我發覺日式紅豆及中式紅豆甜點，不但可以搭配茶，配上對味的咖啡，也可以讓紅豆甜點加分。而讓我學習到紅豆甜點搭配咖啡的啟蒙老師，是「皓氏咖啡」的主理人兼烘豆師劉皓中。我都叫他小中，現在是職訓班的名師，也擔任許多咖啡評鑑的評審。從金融業大改跑道，一頭栽進咖啡世界的他，在初期我們各自經營著餐飲店面時，我對咖啡的熱情，

我在皓氏咖啡學習到咖啡的基礎認識。

讓他總是不藏私的分享咖啡知識。對於我這個咖啡幼幼班，遇到好老師真的很重要，因為這位好老師，我開始學習精品咖啡的品嘗與沖煮，發現精品咖啡並沒有距離，而是科學、是生活。只要找到對的方法，自己也能在家沖出一杯好咖啡。

我創業到現在只有一個初衷，就是樂於分享。我很愛鯛魚燒，於是我告訴大家我認為好吃的鯛魚燒該有的口感是什麼，我自己學做、分享；我喝到好喝的咖啡，我就很想分享給大家。能夠創立「根本在旅行」，就是本著我想要分享給大家我喜歡的咖啡，讓更多人和我一樣感受吃到美味的感動。

庫柏的加入，為我的人生帶來改變……

二〇一六年，當我確認罹患了圓錐角膜的疾病，醫師明確告訴我，我的眼睛需要多休息，而且以後嚴禁做深潛的水下活動。我其實有一種一覺醒來發現世界變得不一樣的震撼，一夕之間我感覺被剝奪了我喜歡做的事，無論是如日中天的鯛魚燒事業，或是我很喜歡做的潛水活動，會不會在未來又發生什麼事，我會一夕之間失去我的自由呢？

從那天開始，我突然覺得自己似乎應該趁早完成我想做的事。應該有很多人和我一樣，從小都有喜歡的漫畫公仔，我從小就特別喜歡史努比，一直覺得史努比應該是一隻黃金獵犬，我不曾懷疑，更沒想過需要和別人討論，長大才發現原來史努比是一隻米格魯，但仍不減我對史努比的喜愛。我聽爸爸說，在我小時候曾說過，以後要養一隻黃金獵犬和美國短毛貓當朋友，這個願望一直沒有機會實現。

直到我的眼睛生病了，某一天在臉書上得知朋友撿到一隻流浪中的黃金獵犬，貼心地幫他做了體檢，尋找有緣人可

陪伴我從台灣到沖繩生活的幸福狗兒子庫柏。

以認養他。我才想起了深埋心中的這個願望。

我聯絡了那位朋友，他說這隻浪浪大約七個月大，是迷你黃金獵犬，身型比一般黃金獵犬成犬稍小一點，不過仍屬大型犬。他第一眼看到我，就一直跟在我腳邊，似乎很喜歡我，幾乎形影不離。也許這就是緣份吧！我決定把他帶回我家。

雖然我感覺他應該很喜歡跟我回家，然而他似乎生性膽小，或是很少出家門，我帶著他走在路上，看到車水馬龍，他夾著尾巴一副很害怕的樣子；走在人來人往的鬧區也讓他十分緊張不自在。回到家裡，我想只剩下我和他而已，他應該不再那麼緊繃了吧？

我開了電風扇，他嚇得逃走；我開吸塵器，他也害怕地躲了起來；甚至我拿出筆電，他也覺得受到威脅而懼怕，感覺什麼東西到他面前都可以讓他嚇到倒退嚕，而他也是我看過倒退嚕得很順不會撞到的聰明狗。

他真的是一隻聰明狗，剛回家的時候，他還不知道哪裡可

我特製毛小孩專屬燕麥雞肉鯛魚燒。

以上廁所，而我教了他三天左右，第三天回到家時，我在廁所看到他的排泄物欣喜若狂，我想，能夠看到屎尿還這麼開心大概就在這時候吧！

究竟該幫他取什麼名字呢？我不太想幫他取英文名，也許取個法國名會滿浪漫的！某天晚上，我和朋友一起吃羊肉爐，興高采烈地跟他們說，我幫狗狗取好名字了，因為我很喜歡海，希望狗狗和我一樣，也喜歡海，所以我幫他取名「**Mer**」，法文海洋（**La Mer**）的意思。我朋友聽了，給了我意見，認為 **Mer** 實在不夠 **Man**，不符合他黃金獵犬的活潑模樣。

我們一邊吃著羊肉爐，一邊開玩笑說，取名要取個有意義又好記的；我笑說，像我們現在在吃羊肉爐，難道要取名叫「羊肉爐」嗎？以後會永遠記得他的名字是在我吃著羊肉爐時想出來的。

叫他「羊肉爐」雖然有趣又好記，但是想一想，以後丟臉的會是我。如果有一天帶他出門，他跑遠了我要怎麼叫他？沿路追著他大喊「羊肉爐、羊肉爐……」嗎？一想到這個畫面也太滑稽了吧！

身邊多了另一半，生活習慣重新來過……

如果要取一個Man一點的名字，不然就以我的偶像布萊德利庫柏（Bradley Cooper）命名好了。我跟我爸說，我決定幫狗狗取了一個名字叫庫柏（Cooper），沒想到爸爸卻開了一個冷笑話說：「很適合他呀，他不是迷你黃金獵犬嗎？不就是Mini Cooper嗎？」一個很Man的名字，瞬間又變得可愛了起來。

和庫柏相處了三個月之後，他已經習慣了會出現在周遭的人事物，開始展露出他活潑的本性，只是我從來都沒有聽過他吠過，心裡擔心著庫柏該不會是啞巴吧？直到有一天，有位陌生人經過我家門前，庫柏終於發揮看家護主的本能反應叫了一聲，第一次聽到庫柏的叫聲，非常有男子氣概，我真心覺得自己遇到了體貼的毛孩兒。

聽到庫柏非常有男子氣概的叫聲，我漸漸有一種被他保護的感覺！一直到我帶著他到海邊玩耍，突然襲來一股巨浪，我對著庫柏大喊：「庫柏救我！」沒想到他逃得比我還快！原來他居然是紙老虎，遇到危險竟然先逃走沒來保護媽媽，真是氣死我了！

庫柏漸漸適應和我一起生活，雖然他很愛咬爛我的拖鞋、甚至咬壞一條我很珍藏的限量圍巾，讓我氣到不行。當我帶著他去店裡做生意，我發現他是把妹高手，來店裡的女客人各個都被他的浩呆臉收買了，他也很喜歡對女客人獻殷勤，原來這是他的特殊才能。我也特別為他開了臉書和IG，果然人氣暴漲。

為了和庫柏培養感情，幾乎每個月會去一次日本的我，忍了三個月沒出國，生活中有了庫柏加入之後，我正計畫著要去日本一趟。我知道他很愛咬東西，所以我早就養成把東西收好的習慣，但是沒想到有一天，我為了上網訂機票，拿出護照忘了收，這個傢伙似乎知道我要拋下他出國去了，竟然冷不防地咬爛我的護照，更扯的是，他居然會把我的護照套拆了再咬爛，逼不得已我只好趕緊重辦護照，真的不知道他在想什麼！

我準備了庫柏可以吃的燕麥雞牛漢堡排
以及特製鯛魚燒為他慶生。

我的生活因為他的加入而有了改變，每天忙碌的工作也讓我多了一份寄託。為了讓我圓錐角膜的病情不再惡化下去，不再為了兼顧台北和桃園兩家店面而分身乏術，我痛下決心結束桃園大江購物中心的門市。

那一天是四月一日，晚上十點購物中心打烊後，我從台北趕到桃園協助撤櫃。那天下著大雨，我從家裡出發前，有交代朋友帶庫柏出去遛一遛。那天撤櫃忙到凌晨兩點多我才到家，一打開家門，庫柏看到我，立刻飛奔到我的床上，撒了一泡尿向我表達不滿。我忙到累翻了只想休息，卻眼睜睜地看著庫柏對我示威抗議的這一幕，我真的氣炸了！一點都不想跟他說話，氣沖沖把他關進廁所裡，而我拖著疲累的身體，趕緊搶救我的床！完全不想理會被我關禁閉而發出哭號聲的庫柏。

這是唯一一次我和他互相對對方不爽，不過，我也反省自己，其實是我的工作太忙了，也知道我該休息了。

因為家裡有了庫柏之後，我也開始為他做料理，我也真的感受到動物是不會跟你說謊的，當我精心為他準備了高級牛肉大餐後，往後的每一天，我餵他的飼料，竟然沒有一天給我吃完！原來他也學到媽媽對美食美味的愛好，是我把他變成了一隻挑食狗啊！

人狗磨合生活細節，與庫柏「共存」不容易

由於庫柏的高人氣，我靈機一動，將鯛魚燒做成適合毛小孩食用的配方，還帶著他一起參加寵物展，貓貓狗狗專用的鯛魚燒，獲得很大的迴響。

有一天，我在店裡正準備打烊，所有的器材都洗好整理好，有一位客人匆匆忙忙地來到店裡，她的眼睛水汪汪的，卻是一臉愁容。

她說：「不好意思，我家的貓咪可能活不過今晚了，我很想為他準備最後的一餐，你願意幫我準備他可以吃的鯛魚燒嗎？」我沒有一絲猶豫，開了火，為貓咪調著餡料，一心想著：希望他會滿意。

我沒有生小孩，但我領養了毛小孩，有了他，讓我原本的

我為毛孩們設計特製的鯛魚燒。

生活方式一下有了很大轉變。雖然偶爾會懷疑他是不是找到機會就想盡辦法整我，但我還是對他充滿感謝。庫柏把我帶到了另一種我不曾經歷的生活，他不會任何才藝，不過倒退嚕倒是走的滿順的；我不期望他有足以成為網紅的驚人才藝，只希望他健康快樂長大。而我夢想退休的那一天，我可以帶著庫柏去海邊賣炒麵和酒，過著愜意的生活！

我願意像個媽媽一樣照顧他，卻讓我察覺自己其實也還是個孩子，一樣有一對父母希望我健康快樂的長大。然而，也許真正的愛，其實是不希望對方長大的吧！

我在二〇一八年四月結束了若葉鯛魚燒僅存的一家實體店面，讓自己可以充份休息，好好養病。這六、七年來為了創業，不曾真的好好休息。我去了一趟加州，見識了美西第一大城裡的咖啡文化，回到台灣，年底接下了朋友的請託，擔任一家監視器設備服務公司的口譯人員，這家公司接到了來自沖繩某飯店的訂單，為了拓展業務、提供服務，打算二〇二〇年在沖繩設立辦事處，這不正好十分接近我想帶著庫柏在海邊過著愜意的退休生活嗎？

自從家裡有毛孩之後，我認識了更多家裡有毛孩的朋友。這些身為毛孩爸媽，有些和我一樣熱愛出國旅遊，卻因為養了寵物之後，不放心獨自把毛孩留在家獨自出國，就算真的想帶著他們一起到外縣市旅遊，光是適合寵物的住宿、餐飲、遊玩的地點選擇有限，有時候也會因為怕麻煩而打退堂鼓。

因為接到了沖繩這份工作，讓我認真思考必須帶著庫柏跟我移居海外，這件事我一點也不覺得麻煩，反而很開心他可以跟我一起到沖繩，這過程也許有些繁瑣的手續，對我來說，他的事本來就是我的事，只要他不排斥，我願意讓他跟著我到任何地方。

寵物在出入境前都必須經過檢疫，而且寵物搭機是被安排有溫度控制的貨艙，不是每架飛機的貨艙都有溫度控制，因此我在選擇班機時只能搭特定的機型。寵物在班機飛行期間得獨自待在規定大小的籠子裡。很多時候，為了讓他們不至於太躁動，毛孩主人會在搭機前為他們施打藥物。我不想讓庫柏為了搭機而打鎮定劑或安眠藥，所以我很早以前就開始訓練他可以自己進狗籠，即便看不到我，都能夠安靜地待在籠裡好幾個小時不躁動。

直到搭機前一刻，我還是擔心著庫柏會不會緊張害怕，畢竟這是我第一次帶他搭飛機。幸好從台北飛到沖繩很快，庫柏沒有讓我失望，我們在二〇二〇年年初，開始在沖繩生活。

其實在日本租屋，而且連寵物一起住，選擇性真的不太多，更何況我是帶著一隻大型犬一起生活，我希望他能夠有寬廣的空間讓他跑跑跳跳。很慶幸我們是住在沖繩，這裡的居民幾乎都有養寵物，我們住在浦添市的一處五層樓的樓房，地主為了紀念自己家的寵物，特別興建這棟樓房出租給有養寵物需求的租客，一樓還有一塊空地可以讓毛孩們散散步。

剛到陌生的地方，庫柏有稍微不安了一下，不過他的適應力很快，畢竟大狗本來就喜歡廣闊的地方。而我們住處兩旁的鄰居，一邊有羊朋友，另一邊有雞朋友，庫柏來到沖繩交的第一朋友，就是羊朋友，因為庫柏不認識羊，剛開始對羊朋友有點陌生，不過這一頭羊有被鍊住，每次我帶

庫柏來到沖繩交到的第一個朋友羊咩咩。

庫柏出門，他都會向羊朋友打招呼，有時候還會逗羊，搞得羊咩咩拿頭上的角去頂他，羊被鍊住傷不了庫柏，庫柏照樣逗弄他，他們的互動真的很逗！

只是，才剛搬到沖繩，疫情就大爆發，在日本發布緊急事態宣言後，工作完全停擺。我沒有想過台灣和日本之間，原來會出現這麼有距離感的一天！

雖然沒料到疫情的發展會多麼嚴重，然而我來到沖繩做足了準備，口罩、酒精等清潔用品很足夠！非必要都盡量不出門，帶著庫柏都去空曠的海邊跟公園。對於這個未知的病毒，我並不覺得害怕，我想，做好自己該做的，保持警覺而非緊張去面對。反而讓我最受衝擊的是人們面對病毒帶來的恐懼，造成人際間的衝突與對立，在疫情中，人不是應該互相關懷與幫忙嗎？

可能是自己與家人都曾大難不死，我曾在沒有擴張器時氣喘發作活了過來；媽媽因某些原因，本來要坐大園空難的那班而改了下一班飛機而逃過一劫；爸爸在SARS時期及九二一大地震的救護中都平安度過。或許我們一家人因此對生死看得淡然，為了不讓留下來的人難過，我們都會好好照顧自己；為了不讓傳染更嚴重，會好好做好防疫。

展店計畫暫時停擺，享受人生片刻悠閒

疫情初期，為了和台灣的親友報平安，我透過臉書分享我和庫柏在沖繩日常。有一天，我買到一個非常好吃的栗子銅鑼燒，拍完照咬了一口，覺得很適合泡杯茶。不過就是走進廚房燒水的幾秒鐘，銅鑼燒整個給我從地球上消失了！我花了快半小時找那被我咬一口的銅鑼燒，一直質問庫柏：「你是不是偷吃我的栗子銅鑼燒？你知道栗子口味有多難買嗎？為什麼你要偷吃我的銅鑼燒！」我整個晚上十分懊惱，其實會擔心他誤食後會不會出問題。

不過庫柏果然是我養出來的，居然這麼懂吃！而且還吃到臉上一點也沒沾到碎屑，完全讓我找不到偷吃證據。在沖繩的日子除了天天可以看海、衝浪之外，我也為自己安排了適合在家的運動，像是空中環，在家仰臥起坐。不過庫柏會在我做仰臥起坐時，以為我在玩什麼好玩的遊戲湊上前來，增加我的運動強度。

和庫柏一起看海，是我們在沖繩的日常。

原本來到沖繩的主要目的是為了公司開發市場，提供服務，如今在疫情衝擊下，不見緩和的趨勢，公司也決定將計畫暫停，我等同於「失業」，其實我也做了最壞的打算，但仍然慶幸有帶著庫柏來到沖繩，否則我無法想像疫情爆發的這一年，我會如何一個人度過。

透過和居民的互相關懷、互相幫助的信念，我以自己的品牌「若葉」與沖繩在地的咖啡品牌聯名，在台灣進行義賣，所得捐給沖繩當地政府機關採購防疫物資所用，獲得很大的回響。這也促成了我引進日本精品咖啡品牌，讓台灣在疫情期間仍然能享用日本道地的咖啡，因而有了「根本在旅行」這個品牌的誕生。

疫情期間既然回不了台灣，我也趁著日本疫情趨緩的期間，前往大阪、京都，和東京，獵尋日本在地烘豆師出品的精品咖啡。由於日本陸上交通對於寵物隨行有些限制，帶著庫柏出遊，我多半都會以租車代替搭乘大眾運輸。而咖啡廳是否能容許寵物進入也有不同規定，有的店家因為無法替寵物提供舒適的服務而婉拒入內；有的店家擔心寵物打擾其他客人而婉拒，或是可以接受寵物不落地入內，有些

庫柏的高人氣常常被我「利用」當代言人。

店家有室外座席，就可以帶著寵物。

二〇二一年四月，忙碌的工作讓我居然忘了庫柏的五歲生日，當我想起來的時候，立刻放下手邊所有的事情，騰出了四個小時沒有網路干擾的時間，帶著他來到海邊玩沙看夕陽。我們像神經病一樣在海灘打滾奔跑，這是從疫情爆發以來我們在沖繩相依為命的日常。

以前看夕陽，大地在太陽下山後落入黑暗，會讓我有點緊張；在沖繩的日子，幸好有庫柏陪我在各個角落看夕陽，也讓我愛上了夕陽時分。

我想起最初領養他時，有朋友跟我說，庫柏很幸運遇到我這個主人，但是我很清楚，是我很幸運遇見了他。我總是愛開玩笑地說，庫柏是在疫情期間最幸運的狗，因為他可以搭飛機來到沖繩，跟著我到處跑。但我心中還是很感激他，因為他遇到了我也沒得選，得跟著我的工作跑、我飛到沖繩，他也得來，還要被我安排庫柏粉絲見面握手會，而他最痛苦的肯定是當食物在他面前晃，他得配合露出笑容拍照，卻一口也吃不到！

沖繩置產，好好珍惜愛自己的時光

隨著「根本在旅行」品牌的成立，我心想自己可能還會在沖繩待上一陣子。這麼適合我和庫柏的生活環境，我很想一直住在這裡，只是，我希望可以住得離海邊再近一點，最好走路就可以到得了，這樣就算在沙灘吹著海風、看著夕陽、喝一點小酒，就不必煩惱酒駕或是要叫計程車的問題了。

於是我開始在沖繩找房子，沒想到找了幾個靠海邊的出租物件，又要符合可以帶庫柏一起住的，實在是難上加難，一邊找一邊懊惱著，衝動之下，我想乾脆買一間來住好了！

我研究了一下沖繩的房價，再算一算在沖繩租房子的價錢，其實很適合買一間來住。我徵詢了爸爸的看法，最後決定在沖繩買一間靠海的房子。我鎖定了宜野灣、讀谷村和沖繩市三個地區看房，四天一共看了近三十個物件。不但看了公寓、獨棟，連預售屋我都跑去看。最後我選擇落腳讀谷村。

讀谷村有被國際認證「沖繩第一美」的Nirai海灘，還有被列為世界文化遺產的「座喜味城跡」，以及在斷崖邊的知名景點「殘波岬燈塔」。我在這裡看了一棟兩層樓的樓房，站在二樓就可以看到海邊，走路就可以到沙灘，而且，我的鄰居是星野集團的虹夕諾雅飯店，走路只要六分鐘。我在家就可以看到和虹夕諾雅一樣的夕陽，這真的是我的夢幻之屋啊！

於是，我花了約七百萬台幣在沖繩買了一棟兩層樓的房子，一樓約三十二坪，二樓約三十六坪左右，而且門口有一塊可以停放四部轎車的大院子，結果只有我和庫柏兩個人住，我心想，以後庫柏回不去住小房子的地方了。不過，從讀谷村到那霸，大概需要開車四十分鐘左右的車程。我在沖繩還沒有代步工具的時候，除了搭公車，不然就是租車。在日本租車不便宜，再加上受到疫情的衝擊，租車公司淘汰了許多車輛，能夠出租的車數少很多。我偶爾也會發個牢騷喃喃自語，這些租車公司中有良心的可以用三千元台幣租給你一天，沒良心的日租費可以開價高達一萬台幣，有點離譜。

不用住日航酒店、星野度假村，從我沖繩的家走到海邊，可以看到一樣美的海景。

幸好，我的沖繩友人長濱先生願意借車給我，我告訴他因為我要搬家，有些家具物品打算二手出清，長濱先生十分熱情地答應幫忙，幸虧有他，我才能順利在搬家期間處理掉二手物品！然而，讓我訝異的是，我隨口詢問他有關日本銀行的相關事情，他十分認真地解答，甚至還主動對我說，如果我和銀行往來需要保人的話，他願意幫我作保。他這麼誠心誠意提供我這麼多協助，我從來沒想過，更覺得感動！

疫情期間在家工作，或是開會時又忙又累，我只要走上二樓，就可以看到無敵海景，轉換一下心情，充飽電力，又可以繼續工作。有時候忙不過來，沒時間帶庫柏出去，只要推開落地窗，庫柏就可以出門遛自己，在他自己常走的散步道上，找了一處我戲稱為「五星級」的庫柏專屬廁所。想一想，沖繩這棟樓房，我根本就是為了庫柏買的呀！

當我想要放鬆一下，步行個幾分鐘就可以走到沙灘，拎著酒、看著海，或是和庫柏在沙灘上追逐……，這真的是我覺得很幸福的時光，甚至會忘了疫情的存在。

即便我一個人在沖繩過得很好，卻也會捫心自問，如果人生只剩下一張照片可以拍的話，我最想留下的畫面是什麼？

一想到這兒，一股訂機票回台灣的衝動油然而生，我最想帶著庫柏回家跟我爸媽拍一張全家福照。只是一回過神之後，才發覺這個世界的疫情還沒結束，我只能提醒自己，好好珍惜可以自由見面的時間啊！

從沒想過疫情下，沖繩到台北的距離可以那麼遠，讓我更珍惜可以自由見面的時候。

06

創業旅途上，分享是初衷

真心表達對飲食的喜愛，

是我打開合作之路的根本。

一間咖啡廳，一部人文故事

在沖繩，我可以喝到像仲村先生這麼厲害的烘豆師製作出別具特色的咖啡豆，煮出一杯帶有沖繩海洋般風味的咖啡，我想，在日本會有更多可以挖掘的寶藏！我開始蒐羅日本各地別具特色的精品咖啡，除了從網路上及親友推薦參考之外，台灣人要認識一個品牌，還會透過得獎紀錄來決定對品牌的信任度，這也成為我洽談合作店家的重要指標。

然而，我也會思考大家會想在「根本在旅行」喝到什麼樣的咖啡？如果要從一杯咖啡，寄予一份對旅遊的思念，那麼這一杯咖啡肯定是在台灣難以喝到的。就像我對球鞋的熱愛，愈是稀有罕見、獨特聯名款，愈讓人想收藏。日本有許多很棒的烘豆師，他們可以取得稀有的咖啡豆、可能是風味特別、可能是產地特別。之前我曾經喝過一批豆子帶有橄欖配上無花果的風味，十分有趣的組合，讓我想分享給大家。

咖啡豆的產地大部分來自非洲以及中南美洲，如果看到產地來自厄瓜多、玻利維亞，或是葉門等非常少見的產地，同樣會是我的選擇標的。另外，烘豆師會有自己的想法，混用不同的豆子調配成配方豆，這些配方豆非常具有烘豆師自己品牌的特色與人文故事，從配方豆裡喝出他的創意，發現這些混合豆調配過後可以產生讓人驚喜的風味，這也是我很想透過「根本在旅行」和咖啡愛好者分享的經驗。

我想起了之前成立「若葉鯛魚燒」時，店裡沒有「原味奶油」這個口味，因為我覺得「原味奶油」的口味，其實在很多甜點店可以吃得到，而且也做得很好吃。我當初想做的是「若葉」獨特的味道，例如我去東京拜師學藝的「紅豆」口味，一定是若葉的招牌，另外，我採用日本的抹茶調配而成抹茶卡士達口味，也是「若葉」獨特的風味。對於「根本在旅行」，引進的不只是日本烘豆師的精品咖啡，更是稀有的、風味有趣的、產地獨特的，讓人驚喜的，卻能夠為平凡的生活裡加分的一杯咖啡。

有些朋友會問我，為什麼這些店家選擇和我合作，而不和其他人合作呢？

以往聽到一些和日本談品牌合作或是代理的經驗分享，有一些是從商業利益合作為出發，但是對於講究職人精神的烘豆師來說，能夠真正了解他們的產品，因為喜歡而願意推廣，才是真正能打開合作之門的金鑰。

如果說我有多那麼一點的幸運，就在於我剛好在一個對的時機：疫情期間我正好人在日本回不了台灣，而日本當地的餐飲也受到疫情的衝擊，以往只要顧好店裡的生意就忙得不可開交，根本毋需費心什麼海外銷售的企圖，然而疫情打斷觀光產業，甚至一度因為禁止內用而得暫時歇業，店家必須改變生存之道，而我在這個時機點洽談海外合作，對我而言的確是利基點。

在沖繩和豆ポレポレ（豆波波）的烘豆師合作，為疫情聯名義賣有了成功的行銷，開啟了彼此合作堅強的互信。也因為豆波波主理人中村先生在咖啡業界的盛名，更成為了我和大阪、京都、名古屋及東京等知名的咖啡店洽談合作的重要Credit，而我一向都毫無保留我對咖啡的喜愛，我的食量也讓老闆為之驚歎，我相信我是徹底地呈現我鍾愛每一家店的產品，而爭取到彼此合作的機會，而店家也給

豆波波主理人仲村先生研究著「冰」萃咖啡。

沖繩豆波波沒有內用座位區，只提供咖啡外帶。

予我非常彈性的合作模式，表達對於和我合作的信任。

LiLo Coffee Roasters @Osaka

我有一位非常要好的大學同學，她是台灣人，嫁給了日本人。她非常多才多藝，她曾經當過導遊，也很會寫文章，文字翻譯、口譯更是難不倒她。在我開「若葉鯛魚燒」的時候，她還親手縫製了若葉的專屬杯墊給我，支持我的鯛魚燒店。

二〇一一年日本發生東北大地震，有一位日本理髮師堀田恭平，以義剪的方式來到台灣募款，當時擔任理髮師的口譯人員就是我的大學同學，他們也因為這場公益活動而成為朋友。

我同學的日本老公雖然是個上班族，但一直有開咖啡廳的夢想，為了喝一杯好喝的咖啡，他投資了很多器材設備，足以開一家咖啡廳。當我和同學聊起我的「根本在旅行」計畫時，她還虧了一下老公，說了三、五年都還沒實踐開咖啡廳的夢想，反倒是我，不但有個鯛魚燒品牌，現在還

拜訪 LiLo 咖啡主理人堀田先生時，他特地為我打理髮型。

跨足賣起咖啡！

她推薦我大阪的 **LiLo Coffee Roasters**，這家咖啡廳的主理人就是當年來台義剪的理髮師堀田恭平。他平時在理髮廳裡會招待前來理髮的顧客咖啡或茶水，他想為客人除了提供好的美髮服務，還有在進行美髮時如果可以喝上一杯好咖啡，客人們一定非常開心，這一份為顧客設想的心意，在他心裡慢慢醞釀，開咖啡廳的想法也漸漸萌芽。

堀田恭平有一位十分要好的高中同學中村圭太，同樣熱愛咖啡，投入烘豆的世界裡。某一天堀田先生發現他位於六樓的理髮廳，一樓店面在招租，於是便租下店面，二〇一四年成立 **LiLo**。

鄰近心齋橋，在大阪美國村的一角，**LiLo** 的空間不大，但是有十八種以上的咖啡可以讓客人選擇！堀田和中村先生還特地飛往波特蘭等美國都會區，以及日本各地的咖啡廳取經；甚至還引進緬甸咖啡豆，為了淬鍊出特有的風味，更飛到緬甸的咖啡農園，研究發明出粉紅氣泡酒處理法，而在二〇一九、二〇二〇年，**LiLo Coffee Roasters** 連續獲選為國外知名旅遊網站「亞洲五十大最佳咖啡店」之一。

堀田先生非常喜歡台灣，他和老婆的結婚婚紗照還是在台灣取景拍攝的。每次和他聊到台灣，他臉上洋溢著無比興奮，直說台灣真的是個很棒的地方！因此，當我邀請他和我合作的時候，對於自家的咖啡可以讓在台灣民眾喝到，他非常感動，也非常樂意合作；然而，對我來說，有了「亞洲五十大最佳咖啡店」加持「根本在旅行」，為我帶來很大的鼓勵。

LiLo 除了在大阪美國村的街邊店之外，堀田先生開了第二家分店「LiLo Coffee KISSA」地點鄰近道頓堀，融合了日本老式咖啡廳（喫茶店）的氛圍，店員不定期會穿上日本和服上班工作。店裡提供淺、中、深焙三種豆子，不過有五種沖煮方式，像是手沖、美式、義式等等，店內也提供配咖啡的甜點，同樣別具特色。

另外，LiLo 還有第三家店，主要是販售咖啡豆為主，也會提供民眾外帶咖啡，價格也比其他兩家店便宜。由於日本咖啡很講究「賞味期限」，一般咖啡的最佳賞味期限是三

LiLo Kissa 承襲日式喫茶店的風格。

位於大阪美國村的 LiLo 咖啡。

我與 LiLo 烘豆師中村先生。

個月內，最能呈現咖啡沖泡出來的香氣與風味。如果不那麼講究細節的話，一般咖啡豆的保存期是一年。第三家店就有點像咖啡店的 Outlet，販賣的咖啡豆種類也比其他家還來得多，只是不提供座位區內用。

有一次我帶著庫柏拜訪堀田先生，他留著略微長的頭髮很有型，而腳上穿的是 NIKE 和日本知名的精品品牌 SACAI 聯名的球鞋，我誇了他說：「堀田先生，你穿的聯名球鞋，和你這一身裝扮很搭耶！」很懂穿搭的堀田先生笑著對我說，身為一位美髮設計師，每天要迎接好多客人，他們心裡想的，就是希望可以變得漂漂亮亮地走出去，「我的工作就是要讓客人變漂亮，而我經營的咖啡廳也抱持一樣的心態面對客人。」

他說，有些來喝咖啡的客人，也許沒有像我們對於咖啡研究得這麼深入，也許有的客人對咖啡的專業知識還更豐富；他很樂於分享經驗給嘗試理解咖啡的入門者，更樂於交流與學習同為咖啡的愛好者！我在堀田先生身上，看見他也許在髮型設計業界面對每一位客人時如何理解他們的這種歷練，使得他更能夠針對每一位來到 LiLo 品嘗咖啡的不同顧客，給予他們最舒服的體驗。在我眼中，這就是專業。

從職人走到品牌的商業思維，這個平衡是需要不斷的溝通。這個過程很辛苦，除了堅守商品的品質外，設計的完整性，與消費者的溝通等等，有人可能花了一輩子還是找不到答案。看見這些既有天份又努力的職人成功滿足消費者，我會很想用力地分享與支持他們！

當我和堀田先生交流咖啡的話題中，發覺他的想法中，有一點與世界咖啡冠軍大師吳則霖的想法非常相似。他們一直致力於「縮短一般消費者對精品咖啡的距離感」，只是堀田先生的做法與冠軍不同，但一樣不放棄無數的實驗與嘗試。

每每來到 LiLo，每一次的觀察，都讓我非常欣賞 LiLo 與消費者的溝通。無論是精品咖啡入門者還是專業烘豆師，走進了 LiLo，都是掛著滿意的笑容離開。

我和堀田先生彼此交換了創業心得，一致認為創業最艱困的地方在於「人」。堀田先生說，他在面試應徵者時，一定會問對方一題：你覺得你是很幸運的人嗎？

「因為覺得自己是幸運的人，比較懂得感謝與感動，我會偏好任用知福惜福、對生活中充滿感動的人。」堀田先生的用人哲理，也讓我在創業這條路上有新的斬獲。他和其他的咖啡師一樣，看到我帶著庫柏前來，都會摸一摸庫柏，甚至幫他按摩，還開玩笑說：「你看，我們家的咖啡師看到庫柏來，各個都變成了庫柏的按摩師了。」他的幽默風趣，感染了LiLo的氛圍，不像一些咖啡廳是酷酷的、優雅的文青風格，反而會讓你感染了店裡的歡笑的氣氛。

Mel Coffee Roasters @Osaka

在大阪，還有一家咖啡廳引起我的興趣，這家在二〇二〇年登上「亞洲五十大最佳咖啡店」的第二名，僅次於世界咖啡大師冠軍吳則霖在台北開設的SIMPLE KAFFA（興波咖啡）。如果到過台北華山文創園區旁的興波咖啡，老建築與大量木材打造出森林咖啡的室內空間；亞洲第二的Mel Coffee Roasters，沒有興波咖啡的華麗空間，只是一家在大阪西區的街角、小小兩、三坪的咖啡店，不但拿

Mel 咖啡空間不大，然而咖啡香卻是遠近馳名。

下二〇二〇年亞洲五十大最佳咖啡店第二，更獲選為全球五十大最佳咖啡店第四名。

主理人文元先生除了在日本學習咖啡烘豆與沖煮專業之外，特別遠赴澳洲墨爾本取經，我帶著庫柏經過這間狹窄的店，點一杯咖啡，坐在門口的板凳上，我彷彿置身於澳洲墨爾本街區裡的某個角落。

文元先生除了販售咖啡外，還會定期舉辦咖啡相關講座與課程。Mel 除了以烘豆與沖煮的技術知名以外，也致力於培養想加入精品咖啡業界的人們。這份格局，不愧為全球五十大最佳咖啡店之一。每次喝到 Mel 的咖啡，都是滿滿的讚歎。

老實說，我這筆生意也算是庫柏幫忙談來的。一切的開端都從老闆搭訕庫柏開始。我和文元先生都愛狗，彼此分享了毛孩經；我也在雪梨待過一陣子，老闆和我分享在墨爾本學習咖啡技術的甘苦，原本我只打算喝兩杯咖啡就離開，這麼一聊就待了三個小時。

Mel 咖啡主理人文元先生和我都是愛狗人士。

咖啡就是這麼容易拉近彼此的距離。文元先生對台灣的印象很棒，對於我邀請一起合作，讓台灣人也可以品嘗到 Mel 咖啡，文元先生也非常開心，我也提到 LiLo 咖啡也和我簽下了合作，更讓他對於「根本在旅行」有一份信任。

最初和 Mel 談合作時，我們只批發文元先生烘的咖啡豆轉售，經過了五個月後，我提及想在「根本在旅行」出杯，也就是在店裡沖煮 Mel 咖啡販售給客人，嚴謹的文元先生則提出必須學習 Mel 咖啡的沖煮方式，才能在台灣泡 Mel 咖啡給客人喝。

以攝氏八十五度到九十五度之間沖煮同樣的豆子，居然會有不同的風味表現，這是喝精品咖啡十分有趣的地方。我特別前往 Mel，向文元先生學習 Mel Coffee 標準的沖煮技巧，把技術帶回來台灣，分享給每一位咖啡師。文元先生對於咖啡一絲不苟的細節，讓台灣民眾來到根本在旅行品嘗 Mel Coffee 的時候，能夠喝到與大阪 Mel Coffee 一樣的滋味。

ABOUT US coffee roasters&supply @Kyoto

在二〇二二年一月農曆年前夕，我突然接到了來自京都 ABOUT US COFFEE 主理人澤野井先生傳來的喜訊，他透過 LINE 跟我分享 ABOUT US 獲得 Coffee Collection World Discover 的決選冠軍，讓我十分感動！

這一通簡訊對我來說別具意義，因為我們的創業起步同樣都面臨疫情的考驗，在雙方品牌都還不太具有知名度的時候合作，一起走過辛苦的疫情時代，成長也許緩慢，也許沒被看見，但我深刻感受到有人陪著一起努力，一起進步的溫暖。

我還記得澤野井先生有了新的、有趣的豆子會寄到沖繩給我，當強颱襲擊沖繩時，他會傳訊息關心我，他是一名真的用真心認真交朋友的專業烘豆師。

在成為專業烘豆師之前，澤野井先生是在精品店工作的專業經理。一開始他也不喝咖啡，只喝茶，然而在高度壓力

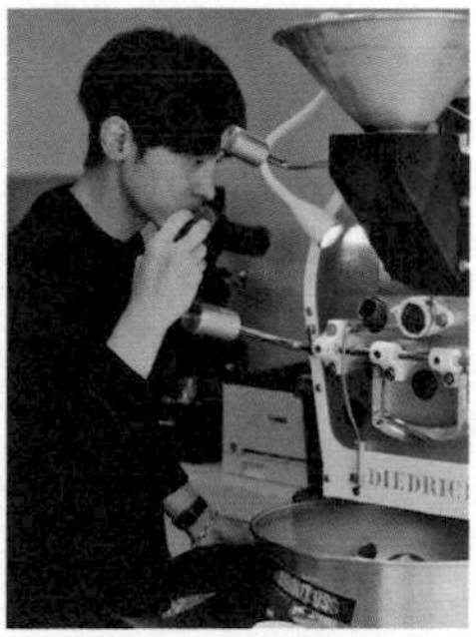

ABOUT US 咖啡主理人澤野井先生。

的時尚精品業任職，在休假時開始造訪一些咖啡廳，居然被精品咖啡多樣的香氣及風味變化而深深被吸引，於是辭去工作，從零開始學習，投入精品咖啡的世界。

也許是長期被訓練對時尚的敏銳度與美感，加上努力增進自己的技術，澤野井先生擁有全日本只有三百人左右的CQI Q Grader國際咖啡品質鑑定師資格，同時又身為烘豆師更為罕見。

二〇一九年九月，ABOUT US COFFEE在京都伏見稻荷大社附近的巷子裡正式開幕，改造京都古民家建築，成為經典黑色的兩層樓建築，座落在古色古香的京町巷弄中，ABOUT US COFFEE披著黑色外衣格外顯眼。

澤野井先生的時尚品味，將一、二樓空間分別規劃兩種截然不同的風格。一樓以現代感為主的吧台設計，讓大家能更貼近咖啡師；二樓布滿各種花飾的裝潢，除了帶給大家活潑少女氛圍，也洋溢著象徵充滿希望的春天氣息。此外，還有寬敞的室外空間，整體環境會讓客人不想只來一次。

ABOUT US 咖啡是可以讓寵物落地的咖啡廳。

除了優質的咖啡外，我也很喜歡店裡的甜點，搭配日本 KINTO 餐盤盛裝，盤飾也是經過設計。為了匹配上好的咖啡，ABOUT US 在甜點的製作及食材的挑選也是有許多堅持。此外，澤野井先生在店裡準備了許多代表日本的擺飾，提供給前來的顧客觀賞及拍照，在 ABOUT US 不但滿足了味蕾，也完全滿足了在京都喝咖啡的氛圍。

像我這樣帶著庫柏趴趴走，能夠讓寵物在室內落地的餐飲店家真的寥寥無幾。澤野井先生和我都有個毛孩爸媽的身份，特別能體會飼主帶寵物出門的不便，因此，ABOUT US 不但有室外空間歡迎毛孩和爸媽一起休息，室內也讓寵物可以落地。澤野井先生說，造訪咖啡廳是讓人感到快樂的生活方式，而與毛孩一起生活也是讓人感到快樂的生活方式，既然能讓大家都快樂，帶著毛孩一起來 ABOUT US 喝咖啡也無妨。

一直記得初次到訪 ABOUT US 時，店內放著 Coldplay 的音樂，下一首卻接著 BTS 的歌，讓我有點摸不著頭緒卻又印象深刻。沒想到與澤野井先生瞎聊個幾小時——連他的前妻是沖繩人，擁有四分之一台灣人的血統都聊了，他毫

ABOUT US 咖啡鄰近伏見稻荷大社，店裡有許多充滿京都風情的擺飾。

不猶豫答應跟我這個帶著一隻狗把他店內搞得都是毛的普通人合作，我覺得自己運氣好到不可思議。

我問他，為什麼店名叫做 ABOUT US？他說，日本人的民族性非常不擅長做自己，也不擅長為自己而活。他認為自己的人生需要自己來決定，這個品牌是「做自己人生的主人」，在不傷害他人的情況下做自己。It's ABOUT US, not ABOUT ME.

在澤野井先生展店半年後，就遇上了疫情大爆發，原本京都的人潮是多到我不太願意踏進一步，如今只剩下日本國內的遊客，京都街景是讓人從未想像過的清幽。如果沒有疫情的話，ABOUT US 絕對會是在國外觀光客中快速竄紅的咖啡廳。而我也在澤野井桑身上看到並學習不斷挑戰自我、不需要別人肯定的自信。做自己認為正確的事，這樣就夠了。

ABOUT US 咖啡在解封後肯定會是高人氣的咖啡廳。

GLITCH COFFEE & ROASTERS @Tokyo

在東京的 GLITCH COFFEE & ROASTERS 一直以來都是知名度非常高的咖啡廳，也是我非常喜歡的東京咖啡廳之一。他們常常會出現一些稀有的咖啡豆或是競標豆，對我來說，來到 GLITCH 喝的咖啡，就像一期一會一般，錯過了就喝不到了。

座落在神保町的 GLITCH，也是連年獲選為亞洲五十大最佳咖啡店之一，店裡十分具有東京時尚風格，每一位工作人員都是型男，黑色制服一字排開為客人沖咖啡，來到這裡，會覺得自己既都會又時尚！

雖然疫情下的東京少了許多外地的遊客，然而 GLITCH 依舊人聲鼎沸，我隻身來到這裡，技巧性地向咖啡師打聽老闆的動向，表明自己想洽談合作。其中一位店員給了我電子郵箱，告訴我寫信過去洽談合作。

雖然日本有些知名的精品咖啡店在網路會販售咖啡豆，然而多半只在國內配送，一般而言很少像「根本在旅行」這

在東京頗具名氣的 GLITCH 咖啡，咖啡師個個都是型男。

經過多次的拜訪，「根本在旅行」終於爭取到與東京 GLITCH 咖啡合作。

樣可以談合作代理，並且在台灣出杯販售。我回到沖繩，寫了封電郵給 GLITCH，收到了一封對方的回覆之後，再寄一封信確認細節，之後便石沉大海，音訊全無。

這樣漫無目的的等待不是我的風格，兩個月後我再度飛到東京，走了趟 GLITCH，終於遇到了老闆之一，我表明自己想洽談合作，並且告知之前有寫信給一位店裡的同仁，老闆說，那一位同事已經離職了。

由於有了沖繩的豆波波、大阪的 LiLo、Mel 等咖啡店合作的加持，GLITCH 也樂觀其成，讓台灣人也可以享用他們的咖啡，加上「根本在旅行」也已正式運作，GLITCH 老闆也放心地和我們簽約合作。

GLITCH 引進了許多稀有豆和競標豆，喝咖啡幾乎像一期一會。

被誇漂亮，其實是忽略我的能力

「根本在旅行」是因為疫情而催生出我的第二度創業計畫，我更明確看見我對「美味」的初衷，和大家一起分享的初衷，我在挑戰自我的同時，看見過去我的缺失，如今，我更能坦白面對它。

年輕歲月裡，有很多人說我長得像「廣末涼子」，而我也因此以「涼子」做為大家對我的稱呼。其實我從不希望人家說我漂亮，反而喜歡人家說我很聰明。它背後的原因，是我在自己的成長歷程中，遇到一些成功的收穫，獲得旁人對我的誇獎都是「因為妳長得漂亮」。

無論我拿了獎學金、考上了大公司的正社員、經營成功的事業……等等，都是我認真努力的成果，但是旁人一句「因為妳長得很漂亮」，似乎並沒有直接對我所付出的努力認可，好像一切的成就全都靠我的一張臉得來的，我其實很洩氣，捫心自問：「究竟我該多認真，才能證明我的成功是我付出的努力得來的？」所以，在我年少不懂事時，我只知道財富的累積是「能力」的象徵，我覺得靠自己創業、累積財富，才能夠被大家認可我的能力。現在回過頭來看那時候的自己，其實還是會被社會無形、有形的框架影響。就算我對自己的外表有些許的自信，但並不代表我不需要努力就可以成功。

為了證明自己是個很努力的人，我花了許多心思累積財富，但我沒想到的是，我在追求財富的過程中，卻一點一滴侵蝕了夢想的初衷：我在日本那麼大的企業裡工作，領著優渥的薪資，但是我得不到成就感；我將讓我從低谷中再起的「紅豆」能量成為我的創業鯛魚燒，在成功創業下，我賠上了自己的健康，最後決定結束若葉的實體店面經營。我也許累積了財富，證明自己是個有能力的人，但是，我並沒有享受這份成就帶給我的自由自在。

疫情爆發正如同上帝為地球上的人們按下暫停鍵，每個人都只能停留在原地面對自己。就算我可以努力成為一個很會賺錢的人，然而我也差點一腳跌進棺材裡，我也會陷入視力模糊的疾病危機，我所有的努力，不該是為了向世人證明我有能力，我的能力，應該是朝著自己想要過的生活方式而努力。

理性的創業規畫，正向的人生觀

第二次創業，在資金上與態度上，我比起第一次更富有，和第一次有了「若葉」的感覺很不一樣，不過，想要分享與珍惜那份味道的初心還是不變的。有過兩次創業經驗的我，很能體悟這段過程中其實很容易迷路，只要聽到許多質疑的聲音，負面的評論，也許就會開始質疑自己。但是請別忘記，如果當初經過數據分析市場，正確的財務管理，理性的規畫與計畫，加上熱情與正面，我想無論迷路還是勞累，終究會走回到自己選擇的正確道路。

我常常懷念在留學日本時期，曾經在居酒屋、蕎麥麵店，還有日式小酒館（スナック）打工，看著各個店家跟客人的互動，最讓我感動的地方是スナック，大家稱呼負責人為ママ，整家店會有她一生故事的色彩，可能會是甜點最好吃的酒吧（媽媽曾經是甜點師），可能是麵食最好吃的酒吧（媽媽曾開過麵店）。我同樣也會問自己，未來如果有機會可以擁有一家自己的スナック，能不能被大家認同這家スナック的ママ，她的手沖咖啡非常美味呢？

邦彥（右）和我與幾個朋友來東京考察之餘順便滑雪。

志同道合的夥伴，讓我繼續旅行下去

我的第二次創業過程，少不了一起激發創意的重要夥伴，其中一位是邦彥。

邦彥不但成立捌零後媒體製作公司，也曾在台中投資開設「路地怪物冰」，頂著人氣網美冰店的盛名，二〇一六年插旗台北。那時候冰店生意興隆，一個月營業額高達三百多萬元。當時我的朋友華天灝導演，和邦彥是大學同學，他發現我和邦彥有共同的喜好：都在經營與日本有關的餐飲，於是介紹我們認識，好奇我們在事業上會不會擦出更有創意的火花。

後來，邦彥把經營怪物冰的重心移到中國大陸，由於開發產品中需要採購抹茶粉等原物料，於是找上我提供日本北川半兵衛的抹茶原料，成為我們合作的開端。當時有一篇日本雜誌評選最希望來到日本展店的台灣品牌，其中一家就是路地怪物冰，更加速了邦彥計畫赴日本展店的想法。

那時候我結束了若葉鯛魚燒的實體店面，對於邦彥經常需要赴日本考察或是和日方廠商聯繫，我都會提供協助，有一次我特別安排邦彥來東京考察甜品店，順利一起去滑雪，根本在旅行嘛！

當邦彥正準備在大陸拓展事業版圖，並且布局在東京展店之時，新冠疫情來得又急又快，他也只能收手。而我原訂在沖繩的工作計畫也停擺。同樣受到疫情影響的我們，也得思考如何在這場病毒風暴中找尋生機。

那時邦彥提出了「雲端廚房」構想，起初他想到的是類似投幣式清酒販賣機，消費者只要投幣，就可以從一百多支清酒選擇想喝的品項，再搭配一些下酒菜，就是一家富有趣味感的獨特小店。後來我們在討論的過程中，決定不只限制清酒一項產品，可以再找其他適合的「飲品」，都是我們可以嘗試去做的。後來我和豆波波的仲村先生一起合作聯名義賣獲得很好的成果，「根本在旅行」的合作雛形漸漸浮現。

然而要在台灣沖出一杯就像在日本喝到的咖啡，中間有許

「根本在旅行」實踐了我一邊旅行、一邊工作的夢想。

我前往東京拜訪 Nozy 咖啡烘豆師能城先生。

許多多需要克服的程序。除了採購合作廠商的豆子必須維持賞味新鮮度，而必須採用運費比海運貴三倍的空運之外，我們要取得日本方的代理權，還有商標使用權，甚至思考在沖煮各家品牌咖啡時，是不是要添購和日方相同品牌的咖啡機確保「原汁原味」，但每個店家採用的咖啡機品牌不一定相同，這恐怕是未來會需要克服的問題。雖然我們沙盤推演了種種情況，然而最迫在眉睫的問題是，如果日方願意合作，要用什麼公司簽約？因此，我們先在日本註冊公司，比較容易提高日方與我們合作簽約的意願，之後再回台灣註冊。當時我們討論這家店究竟要取什麼名稱時，大家看著我因為疫情而在沖繩回不了台灣，卻在社群網站看我的照片不是與海相伴，就是分享好吃的沖繩美食，調侃我根本像度假、根本沒工作，根本在旅行。「根本在旅行」的名字，就這麼決定出來了。

從一杯咖啡開始，創造自己的生活風格

「根本在旅行」要做的是雲端廚房的概念，而不只是像一般電商只是向廠商批豆子到台灣。我們向日本合作方談代理權，必須包含能使用品牌方的商標，還有這些商標底下

所包含的產品與原物料，它的製作過程，甚至包含包裝上的設計，都必須獲得品牌方的完整授權，如果日方並未在台註冊商標，我們會再簽另外一份合同協助他們在台註冊。這兩項都是確保「根本在旅行」在台灣經營與行銷日本品牌的時候，可以更順利。

然而一般和日本品牌合作簽約時，一定會談到保證金與簽約金，也會談到一年採購多少量，合作方也會來台灣實地勘察我們所運用的設備與環境清潔有沒有符合他們的規格與要求。幸運的是，我們在疫情嚴峻的時期洽談合作，這些在日本，甚至在全球赫赫有名的品牌，在還沒有疫情出現的時候，光是做日本當地的生意就做不完了，根本不需要接洽海外市場為自己添麻煩；但是餐飲業受到疫情的衝擊，使得他們不得不改變做法，也成為我和各品牌爭取合作的有利籌碼。

很幸運地，我和許多精品咖啡負責人洽談合作時，他們沒有設定採購數量，因為疫情也省去來台考察的部分。原先擔心必須配合各品牌採購相同的咖啡機，確保風味一致，不過，身為專業烘豆師的他們認為，呈現一杯咖啡的最佳風味，最關鍵的因素不在於沖煮的過程，而是在選豆與烘豆就決定了大部分的條件。因此，合作方並未堅持一定要採用相同的咖啡機沖煮他們的咖啡。

「根本在旅行」是在疫情最嚴峻的時候誕生，我們想做到「Drink like a local」。對我來說，咖啡是一種的生活型態，「根本在旅行」從一杯咖啡開始，讓無論身處何地的你，都可以連結到日本當地人的生活型態，創造屬於你自己的生活風格。我們有實體店面，現沖咖啡現場體驗來自日本職人淬鍊的風味；我們代理日本各品牌獨有咖啡豆，讓咖啡愛好者可以把自己的喜愛帶回家享受。

優質咖啡，串聯你我生活的軌跡

當我開始在各地蒐羅獨特、有趣的日本職人咖啡時，如同奶奶在我小時候告訴我的話：世界一切的美好，都值得妳親自走一趟去感受。也因此，每一杯咖啡，其實更添加了旅行的意義。我們期待在解封來臨時，更可以恢復台日友好的交流，用文字、影像記錄我們的「根本在旅行」。因此，這個品牌不但是餐飲店、也是貿易公司，更可以是具有分享生活點滴的自媒體。

然而，當我們思考這一杯日本來到台灣的咖啡，光是運費和成本就不少，然而邦彥認為，應該維持和日本一樣的定價，甚至把原本一杯標準八盎司的量，還可以調整為台灣人習慣的十盎司。我沒想到，原來還有人和我一樣「衝」，我果然佩服這位合作夥伴的豐富經驗，以及為每一個喜歡日本咖啡的愛好者設想周到的細膩。

在餐飲業有一項產品開發的費用很難計算在產品的成本當中。只要出一款新的產品，從研發、試吃，到拍攝、包裝，以至於最後的行銷活動，這些都算在品牌經營的成本裡，如果反饋到食材成本，費用會變得非常高。但是當我們代理日本這麼多家精品咖啡品牌，每個月可能會收到店家給我二十幾個品項的豆單，我們只要從中挑選符合品牌價值的幾項，這些豆子從開發、製造、設計到包裝，完全不需要我們費心，而原料的品質不乏在國際享譽盛名的烘豆師把關，豆子的採購成本雖然高，但我們願意扛起。

觀察台灣的咖啡市場，有些善於行銷的業主，打造細膩的裝潢與服務和善的網美咖啡店，然而業主所配合的烘豆師，可以不必那麼有名氣，選豆的品質中上，當客人手上拿到那一杯價格落在一百六、一百七十元的咖啡時，客人真正喝到屬於那一杯咖啡的價值剩下多少？

反觀「根本在旅行」交付給客人手上的每一杯咖啡，客人付出一百六、一百七十元，每一口都是日本職人烘豆師的心血，都是國際賽事得名的日本烘豆師為「根本在旅行」供應高品質的咖啡，一杯咖啡價值，串聯起每個人面對生活態度的軌跡。

旅行的拼圖，即待完成的夢

日本的精品咖啡很多，我實在太想在疫情解封後，可以真正實際環島日本一趟，這是我想要旅行的計畫之一。然而身為庫柏的「家人」，我的旅途中一定有庫柏陪著我一起吃喝玩樂，帶著他一起旅行也是我想完成的夢想。

也許是家人一直帶給我們子女的教育觀念，沒有什麼解決不了的問題。對於自己想完成的事，經過審慎的評估就去執行。因此，當我決定迎接庫柏來到我的人生中，決定帶著他搬到沖繩生活，決定和他一起去旅行，我天生無可救藥的樂觀告訴我，想到就去做，遇到問題就去解決。

當然，帶著庫柏去旅行，首先要克服的問題是庫柏的食、住、行。在日本，要找一家能夠帶寵物一起住宿的旅社不太容易，更何況像庫柏這麼大的中、大型犬，而在交通方面也有許多對寵物的限制，像庫柏的體型就沒有辦法搭乘新幹線。因此，幾經思考，最好的方式，就是買一輛多功能的休旅車，可以改裝成為我和庫柏睡覺的地方。

很多人說養狗後無法旅行，可能是過於樂觀的個性使然，我覺得如果經過適時訓練及完整規劃，一定可以與我的人生好伴侶庫柏一起旅行。

二〇二一年五月之後，台灣因為疫情步入了三級警戒，原本預期到年底也許全球疫情會稍微好轉，期待可以在二〇二二年日本櫻花季期間開著旅行車，和庫柏來一趟日本自駕之旅。只是疫情變幻莫測，在解封之前，我得先找好要帶著庫柏環遊日本旅行車，沒想到邦彥在台灣搶先一步，推出「根本在旅行」旅行車，將商用車改裝成了咖啡吧台，收納之後又可以變為臥舖，三月份在台灣亮相，實現「根本在旅行」的精神。

「交流」並不是單行道。雖然「根本在旅行」目前透過蒐羅日本的美食咖啡飲品帶到台灣，然而台灣也有許多厲害的咖啡烘豆師，以及高品質的台灣茶，深受日本人的喜愛。當我在四月初回到沖繩，必須處理在我家前門放肆生長四個月的雜草之時，趁著「根本在旅行」一歲之際，我帶來了台灣的「皓氏咖啡」與「配個咖啡吧」的咖啡，還有「幼瀨伍號」的炭焙烏龍及阿里山高山茶，在沖繩的一家清酒

館「おきなわばんざい」舉辦聯名活動。透過「根本在旅行」，我也想把日本人對於台灣旅行的思念，帶來沖繩。

我從危機裡找出好運，順利簽下許多日本精品咖啡品牌代理，但這並不保證未來三、五年後仍願意和「根本在旅行」續約。從每一次的穩定進貨及採購量的成長，並布局「根本在旅行」在各地展店的計畫，未來還有自己的社群頻道，為我們的合作品牌進行行銷，這些都是為我們與合作方累積長久合作的基礎。

而我也在沖繩找到夢想中的旅行車，未來載著庫柏走遍日本的大街小巷，挖掘更多美味故事。也期待能遇見更多一樣熱愛旅行、熱愛美食的緣分，可能你就是其中之一，與我熱情分享生活中的美味，透過「根本在旅行」發揮它的平台交流，連結台日友好的生活方式。

我把來自台灣的「皓氏咖啡」和「配個咖啡吧！」帶到沖繩進行交流。

我的第二創業，從沖繩出發。

京都 KYOTO

05

ABOUT US COFFEE

官網 aboutuscoffee.stores.jp | **地址**京都市伏見區深草稲荷鳥居前町 22-15 | **交通** JR稲荷站步行約 5 分鐘／京阪深草站步行約 5 分鐘 | **電話** 075-644-6680 |

06

WEEKENDERS COFFEE

官網 www.weekenderscoffee.com **IG** @ weekenders_coffee **富小路地址**京都市中京區富小路通六角下ル西側骨屋之町 560 離れ **焙煎所地址**京都市下京區松原通御幸町西入ル石不動之町 682-7

沖繩 OKINAWA

01

MAMEPOREPORE 豆ポレポレ

IG @ mameporepore

地址沖縄県沖縄市高原 6-13-8 |

02

OKINAWA CERRADO COFFEE

官網 okinawa-cerrado-cc.jp

IG @ okinawacerradocoffee

地址沖縄県浦添市港川 2-15–6

03

FLAP COFFEE and BAKE SHOP

官網 www.flapcoffee.shop

本店 IG @ flap_coffee

地址沖縄県名護市宇茂佐の森 4-19-3

普天間 IG @ flapcoffee_futenma

地址沖縄県宜野湾市普天間 2-13-1

04

土零 ～reset～

IG @ chibanasyouhan

地址沖縄県宜野湾市真志喜 3-13-17

東京 TOKYO

11

GLITCH COFFEE&ROASTERS

官網 glitchcoffee.com | **IG** @ glitch_coffee | **地址** 東京都千代田区神田錦町 3-16 香村ビル 1F

12

THE ROASTERY BY NOZY COFFEE

官網 nozy-coffee.jp | **IG** @ the_roastery_by_nozycoffee | **地址** 東京都渋谷区神宮前 5-17-13

大阪 OSAKA

07

LiLo Coffee Roasters

官網 coffee.liloinveve.com

IG @ lilocoffee

地址 大阪府大阪市中央区西心斎橋 1-10- 28

08

LiLo Coffee KISSA（リロ珈琲喫茶）

IG @ lilocoffeekissa

地址 大阪府大阪市中央区心斎橋筋 2-7-25 金子ビル 2F

09

LiLo Coffee Factory

本店 IG @ lilocoffeefactory

地址 大阪府大阪市福島区玉川 3-3-17

10

Mel Coffee Roasters

官網 mel-coffee.jp

IG @ melcoffeeroasters

地址 大阪府大阪市西区新町 1-20-4

福岡 FUKUOKA

16

珈琲美美

官網 cafebimi.com | **IG** @ bimi_coffee | **地址**福岡県福岡市中央区赤坂 2-6-27

別府 BEPPU

17

潮騒の宿 晴海

官網 www.seikai.co.jp | **地址**大分県別府市上人ケ浜町 6-24

東京 TOKYO

13

CAFE DE L'AMBRE

官網 www.cafedelambre.com

IG @ ginzacafedelambre

地址東京都中央区銀座 8-10-15

14

うさぎや和菓子舗（兔屋銅鑼燒）

官網 www.ueno-usagiya.jp

地址東京都台東区上野 1-10-10

15

たいやき わかば（鯛魚燒店）

官網 www.246.ne.jp/~i-ozawa

地址東京都新宿区若葉 1-10

Funliday

沖繩 Okinawa

涼子私房景點公開

1. 秘境海灘 | Melody Beach
2. 甜點 | Timeless Chocolate
3. 香料咖哩 | Spice Curry Palmyra
4. 串燒居酒屋 | ±零 Reset
5. 創意沖繩料理 | 宮平料理店
6. 咖啡 | 豆ポレポレ
7. 咖啡 | 大嘴鳥咖啡
8. 咖啡 | Potohoto
9. 沖繩麵 | Okinawa Soba EIBUN
10. 咖啡 | Cafe Mondoor

手刀領取
沖繩秘境行程表

依虛線剪下對折，輕鬆帶走秘境地圖

觀成長 43

根本在旅行

口述　涼子
執筆　克里歐
攝影　顏嘉佑
視覺設計　李思瑤
主編　林憶純、羅惠馨
行銷企劃　謝儀方

第五編輯部總監　梁芳春
董事長　趙政岷
出 版 者　時報文化出版企業股份有限公司
108019 台北市和平西路三段 240 號
發行專線—（02）2306-6842
讀者服務專線— 0800-231-705、（02）2304-7103
讀者服務傳真—（02）2304-6858
19344724 時報文化出版公司
10899 台北華江橋郵局第 99 信箱
時報悅讀網　www.readingtimes.com.tw
電子郵箱　yoho@readingtimes.com.tw
法律顧問　理律法律事務所 陳長文律師、李念祖律師
印刷　勁達印刷有限公司
初版一刷　2022 年 6 月 24 日
定價　新台幣 380 元

時報文化出版公司成立於 1975 年，並於 1999 年股票上櫃公開發行，於 2008 年脫離中時集團非屬旺中，以「尊重智慧與創意的文化事業」為信念。

根本在旅行 / 涼子、克里歐作 . -- 初版 . -- 臺北市 : 時報文化出版企業股份有限公司 , 2022.06
224 面 ;17*23 公分 . -- (觀成長)
ISBN 978-626-335-387-9(平裝)
1.CST: 涼子 2.CST: 傳記 3.CST: 自我實現
783.18　　111006455

ISBN 978-626-335-387-9　　Printed in Taiwan